O Tarô da Criança Interior

Isha Lerner
Mark Lerner

O Tarô da Criança Interior

Uma Jornada da Psique Humana
Através dos Arquétipos Ocultos nos
Contos de Fadas, Mitos e Espíritos da Natureza

Tradução
Carmen Youssef

Ilustrações
Christopher Guilfoil

Editora
Pensamento
SÃO PAULO

Título do original: *Inner Child Cards - A Journey Into Fairy Tales, Myth and Nature*.
Copyright © 1992 Isha Lerner e Mark Lerner.
Publicado nos USA por Park Street Press, uma divisão da Inner Traditions International, Rochester, Vermont.
Essa edição foi publicada mediante acordo com a Inner Traditions International.
Copyright da edição brasileira © 1996, 2022 Editora Pensamento-Cultrix Ltda.
2ª edição 2022.
Todos os direitos reservados. Nenhuma parte deste livro pode ser reproduzida ou usada de qualquer forma ou por qualquer meio, eletrônico ou mecânico, inclusive fotocópias, gravações ou sistema de armazenamento em banco de dados, sem permissão por escrito, exceto nos casos de trechos curtos citados em resenhas críticas ou artigos de revista.

A Editora Pensamento não se responsabiliza por eventuais mudanças ocorridas nos endereços convencionais ou eletrônicos citados neste livro.

Obs.: Publicado anteriormente com o subtítulo *Uma Viagem da Psique Humana pelos Contos de Fadas, pelos Mitos e pela Natureza*.

Editor: Adilson Silva Ramachandra
Gerente editorial: Roseli de S. Ferraz
Preparação de originais: Alessandra Miranda de Sá
Gerente de produção editorial: Indiara Faria Kayo
Revisão técnica: Leo Chioda
Editoração eletrônica: Join Bureau
Revisão: Luciane H. Gomide

Dados Internacionais de Catalogação na Publicação (CIP)
(Câmara Brasileira do Livro, SP, Brasil)

Lerner, Isha
  O tarô da criança interior: uma jornada da psique humana através dos arquétipos Ocultos nos contos de fadas, mitos e espíritos da natureza / Isha Lerner, Mark Lerner; ilustrações Christopher Guilfoil; tradução Carmen Youssef. - 2. ed. - São Paulo: Editora Pensamento, 2022.

  Título original: Inner child cards: a journey into fairy tales, myth, and nature
  ISBN 978-85-315-2189-8
  1. Contos de fada 2. Tarô I. Lerner, Mark. II. Guilfoil, Christopher. III. Título.

22-104239
CDD-133.32424

Índices para catálogo sistemático:
1. Tarô : Artes divinatórias: Ciências ocultas 133.32424
Cibele Maria Dias - Bibliotecária - CRB-8/9427

Direitos de tradução para a língua portuguesa adquiridos com exclusividade pela
EDITORA PENSAMENTO-CULTRIX LTDA., que se reserva a
propriedade literária desta tradução.
Rua Dr. Mário Vicente, 368 - 04270-000 - São Paulo - SP - Fone: (11) 2066-9000
http://www.editorapensamento.com.br
E-mail: atendimento@editorapensamento.com.br
Foi feito o depósito legal.

Abençoadas sejam as crianças,
pois elas herdarão a Terra.

Para Gabrielle, Katya
e todas as crianças da Terra

Sumário

Agradecimentos 13
Introdução 15
Prefácio 21

PARTE I: O Oráculo

Como usar este baralho 31
Como usar o baralho com crianças 41
Métodos de leitura 45
    O poço dos desejos 46
    Virando a esquina 48
    A criança (*Child*) 49
    O arco-íris 52
    A amarelinha 53
    A escada em caracol 56

PARTE II: Os Arcanos Maiores

Introdução 61
    0   Chapeuzinho Vermelho 67
    I   Aladim e a Lâmpada Mágica 71

II	A Fada Madrinha	75
III	Mamãe Ganso	79
IV	As Roupas Novas do Imperador	83
V	O Mago	87
VI	João e Maria	91
VII	Peter Pan	95
VIII	A Bela e a Fera	99
IX	Branca de Neve	103
X	Alice no País das Maravilhas	107
XI	O Toque de Midas	111
XII	João e o Pé de Feijão	115
XIII	A Bela Adormecida	119
XIV	O Anjo da Guarda	125
XV	O Lobo Mau	129
XVI	Rapunzel	133
XVII	A Estrela dos Desejos	137
XVIII	Cinderela	141
XIX	A Estrada de Tijolos Amarelos	145
XX	Os Três Porquinhos	149
XXI	A Criança Terra	153

PARTE III: Os Arcanos Menores

Introdução 159
As Varinhas de Condão 163
    Ás de Varinhas de Condão 165
    Dois de Varinhas de Condão 167
    Três de Varinhas de Condão 169
    Quatro de Varinhas de Condão 171
    Cinco de Varinhas de Condão 173

Sumário

    Seis de Varinhas de Condão 175
    Sete de Varinhas de Condão 177
    Oito de Varinhas de Condão 179
    Nove de Varinhas de Condão 181
    Dez de Varinhas de Condão 183
    Criança de Varinhas de Condão: O Pequeno Príncipe 185
    A Exploradora de Varinhas de Condão: Dorothy 189
    Guia de Varinhas de Condão: O Flautista de Hamelin 193
    O Guardião de Varinhas de Condão: Rafael 197
As Espadas da Verdade 199
    Ás de Espadas 201
    Dois de Espadas 205
    Três de Espadas 207
    Quatro de Espadas 209
    Cinco de Espadas 211
    Seis de Espadas 213
    Sete de Espadas 215
    Oito de Espadas 217
    Nove de Espadas 219
    Dez de Espadas 221
    Criança de Espadas: Pinóquio 223
    O Explorador de Espadas: O Espantalho 227
    Guia de Espadas: Robin Hood 231
    Guardião de Espadas: Miguel 235
Os Corações Alados 237
    Ás de Corações 239
    Dois de Corações 241
    Três de Corações 243
    Quatro de Corações 245

Cinco de Corações 247
Seis de Corações 249
Sete de Corações 251
Oito de Corações 253
Nove de Corações 255
Dez de Corações 257
Criança de Corações: Cachinhos Dourados 259
Explorador de Corações: O Homem de Lata 263
Guia de Corações: A Fada Boa 267
Guardiã de Corações: Gabriela 271

Os Cristais da Terra 273
Ás de Cristais 275
Dois de Cristais 277
Três de Cristais 279
Quatro de Cristais 281
Cinco de Cristais 283
Seis de Cristais 285
Sete de Cristais 287
Oito de Cristais 289
Nove de Cristais 291
Dez de Cristais 293
Criança de Cristais: Huck Finn 295
Explorador de Cristais: O Leão Covarde 299
Guia de Cristais: Papai Noel 303
Guardiã de Cristais: Gaia 307

Notas 309
Bibliografia 311

Agradecimentos

Gostaríamos de agradecer a Barbara Hand Clow, Barbara Doern Drew, à nossa editora, Gail Vivino, à nossa projetista, Marilyn Hager Biethan, e a toda a equipe da Bear & Company, que acreditaram na magia deste projeto e nos ajudaram a apresentá-lo ao mundo.

Para Hannah Jacobson Nealley, nosso caloroso e profundo reconhecimento. Hannah é uma poética e maravilhosa contadora de histórias; muitas páginas deste livro tiveram a bênção da sua visão penetrante e de seu profundo amor pelos contos de fadas.

Um obrigado às nossas duas filhas, Gabrielle e Katya, pelas opiniões e pelos conselhos sobre as imagens das cartas.

Nosso sincero reconhecimento aos amigos especiais e pessoas queridas que nos apoiam há muitos anos: Cherie e John Godon-Bynum, Li Bette Porter, Stephen Eiring, Kaya Weinman, Tom Boerman, Nancy Vierra, Yvonne Vowels, Christeen Reeg, Steffi e Gary Escandon, Leah Tzivea Barron, e David e Gladys Lerner.

Homenageamos com afeto a memória de Colleen Keating, mãe de Isha, cujo falecimento fez com que Isha empreendesse uma profunda jornada através da dor, do amor e da compaixão.

Um abraço amoroso e um muito obrigado para a criança interior que nos guiou e abriu nosso coração durante este empreendimento. Este projeto é uma comprovação de que a dor pode ser transformada em uma dádiva de amor. O amor é, de todos, o maior agente de cura.

Por fim, somos especialmente gratos ao nosso querido amigo Christopher Guilfoil, o artista que ilustrou as cartas – há pessoas que vão mais longe do que pode imaginar o coração humano. Agradecemos a você, nosso amigo para sempre.

Introdução

Os arquétipos universais do tarô - o Louco, o Mago, a Sacerdotisa, o Rei - são comuns a todas as mitologias do mundo. Entretanto, como qualquer autêntico produto cultural, a elaboração e a interpretação de cada baralho de tarô refletem a estética e as inclinações dos respectivos artistas e filósofos; até certo ponto, ele "funciona" para alguém porque a arte e a filosofia ali contidas encontram ressonância nessa pessoa. Esse verdadeiro casamento entre arte e filosofia é o que distingue o tarô da maioria dos sistemas esotéricos e de "ocultismo", como são chamados. Como a arte e também a filosofia, o sistema de tarô é o reflexo de uma época, de uma era da história humana.

Somos tanto seres humanos que têm experiências espirituais como seres espirituais que têm experiências humanas, e o tarô é a linguagem que articula a jornada espiritual da alma na esfera propriamente humana. A "verdadeira" função esotérica do tarô não é o seu uso como instrumento de leitura de sorte ou de adivinhação, mas sim sua misteriosa capacidade de mapear a vida que vivemos agora. Dessa forma, o tarô é um salão de espelhos das épocas da nossa vida. Ele mostra a formação de uma cultura humana e as múltiplas fases da sua transformação e crescimento. Quer se trate de uma microcultura de alguém que cria o seu "tarô pessoal", quer da macrocultura do tradicional panteão egípcio, cada carta do tarô espelha uma série de momentos-chave da história pessoal e coletiva.

Essas experiências de pico são cristalizadas em imagens dotadas de muita força e visão penetrante, em virtude da observação acurada das particularidades específicas da nossa condição humana cada vez mais intensa. A palavra-chave aqui é "específico": é através do muito, do muito específico que a base universal do ser, compartilhada por todos, vem à luz. Outro motivo pelo qual o tarô funciona é a atenção aos pormenores nítidos, o que é feito sem exigir do usuário crença alguma em dogma algum. Lembro-me da surpresa que tive ao ouvir, certa vez, de um intérprete profissional do tarô: "Não acredito no tarô, mas ele funciona!". Um oráculo eficaz, como o tarô pode ser, reflete os processos que permitem acreditar mais em nós mesmos e naquilo que decidimos defender; o tarô não reivindica o conhecimento *da* verdade, mas da verdade *de cada um*.

O tarô atua sobre a alma - o âmago de uma vida vivida dentro de cada um - de acordo com o grau de sua força de imaginação; quanto mais cheio de imaginação o tarô, tanto maior a sua tendência para falar com exatidão o dialeto psíquico da alma. Em uma época em que as pessoas correm o risco de perder a imaginação (e as almas dela encarregadas) pelo excesso de televisão e propaganda dos veículos de comunicação de massa, temos no *Tarô da Criança Interior*, de Mark Lerner e Isha Lerner, um comovente retorno à raízes euro-americanas dos contos de fadas. Antes da "Idade da Razão" - antes de Descartes, antes de Newton -, as histórias e os contos de fadas eram a forma habitual de transmitir o saber de nível superior. À luz do novo "pensamento científico esclarecido", os contos de fadas prontamente perderam o valor para os adultos "sérios", sendo confiados às "crianças", entre as quais ainda subsistem. Felizmente para nós, adultos mais imaginativos, chegou - em boa hora - o *Tarô da Criança Interior*, contando histórias que todos somos capazes de lembrar.

Essa novidade pode não ser facilmente aceita por alguns aficionados do tarô mais tradicional, que se identificaram com as interpretações babilônicas/sumerianas/egípcias de tempos passados. Muitos ficarão surpresos e até mesmo indignados com a audácia de *O Tarô da Criança Interior*, e com bons motivos. Em primeiro lugar, essas cartas celebram o espírito de imaginação da criança. Em segundo lugar, decompõem e reorganizam as metáforas tradicionais. De acordo com o que nos informa a teoria geral da semântica, no reino da psique quem quer que controle a metáfora tradicional também domina a mente. Mark e Isha Lerner operaram nada menos que um milagre simbólico, ao modernizar um sistema místico arcaico de acordo com as raízes culturais euro-americanas comuns a eles e a muitos de nós na atualidade.

O aspecto mais revolucionário das cartas de *O Tarô da Criança Interior* é que elas funcionam bem, tocam e fazem ressoar as cordas da memória emocional e da vida psíquica vinculadas às histórias da infância, há muito esquecidas - cada gravura é uma história diferente. As encantadoras ilustrações de Christopher Guilfoil têm um feitiço peculiar, como se tivessem sido pintadas pelas próprias fadas. As histórias - "Chapeuzinho Vermelho", "Aladim e a Lâmpada Mágica", "A Fada Madrinha" (O Louco, o Mago, a Sacerdotisa) - dizem tudo. E, por último, os autores revelam o seu senso de humor quando pintam o Diabo nada mais, nada menos como o Lobo Mau em pessoa. Só isso bastaria para começar a desmistificar os nossos "demônios"...

As cartas de *O Tarô da Criança Interior* foram criadas por dois astrólogos profissionais com amplo conhecimento da simbologia do tarô. Mark e Isha Lerner fizeram coincidir o lançamento dessas cartas com uma ocorrência astrológica de grande significação histórica, conhecida por astrólogos de todas as partes como a conjunção de Urano e Netuno em Capricórnio (1991-1995). Seria preciso escrever um livro inteiro para explorar o significado dessas conjunções, mas vou dizer apenas que a única outra ocasião em que aconteceu algo de magnitude semelhante, em termos astrológicos, foi durante a indiscutível revolução cultural do final da década de 1960, quando Urano e Plutão faziam conjunção em Virgem. As extraordinárias mudanças culturais da atualidade indicam um paralelismo. Essas cartas também chegam em uma época, em termos astrológicos, em que, depois de 2 mil anos, a humanidade se prepara para entrar em uma nova Era, a de Aquário. Todo astrólogo sabe que cada signo tem seu oposto, e que cada era astrológica tem sua própria polaridade de forças cósmicas. No caso da Era de Aquário, trata-se nada menos do que Leão, o símbolo astrológico (entre outros temas) do arquétipo da criança interior.

Os autores sabem o que estão fazendo. Além de explorar os mitos tradicionais desses contos de fadas, eles se aventuraram no futuro, criando novos mitos, simbolizados na gravura da última carta deste baralho. Tradicionalmente chamada "O Mundo", a "Criança Terra" deste baralho sintetiza em uma única carta toda a jornada dos Arcanos Maiores, juntando o fim ao começo, em uma celebração do tempo galáctico de nossas verdadeiras origens espirituais... almas que lutam por renascer e incorporar a condição humana.

Os Arcanos Menores também foram magistralmente reorganizados com maior criatividade, atribuindo novos nomes aos quatro naipes tradicionais – Paus, Espadas, Copas e Pentáculos (Ouros): Varinhas de Condão, Espadas da Verdade, Corações Alados e Cristais da Terra, respectivamente. A primitiva "densidade" e exagerada sobriedade da "sabedoria adulta" foram abolidas – graças a Deus! –, deixando à mostra a seriedade das brincadeiras infantis. Os pedagogos modernos sabem, agora, que o espírito de brincadeira, além de acelerar o processo de aprendizado, ensina a importância de *aprender novas formas de continuar aprendendo*.

As dezesseis figuras da corte dos Arcanos Menores ampliam a intenção original do tarô tradicional, injetando vida nova no modelo educacional mestre-aprendiz. Com a história moderna de "O Mágico de Oz", a alma errante aprende a vivenciar o "ser humano de três centros": cabeça, coração e entranhas. As conhecidas histórias de "O Pequeno Príncipe", de "Pinóquio", de "Cachinhos Dourados" e de "Huck Finn" articulam com compassividade os estágios formativos e infantis do aprendizado em cada uma das quatro esferas. Aos três dos quatro Arcanjos - Rafael, Miguel e Gabriel - junta-se a própria Guardiã dos Cristais, Gaia, que proporciona proteção invisível à alma inocente ao longo dos mais perigosos abismos. Outras cartas refletem possíveis papéis modelares e aspirações para orientar a alma aprendiz em sua jornada que, não vamos esquecer, é a alma como aprendiz de ser humano.

Desde seu misterioso início há séculos, as imagens do tarô têm sido retratadas em forma de quadros, como momentos magnificamente congelados, suspensos no tempo. Ao atribuir uma história arquetípica diferente a cada uma das cartas, *O Tarô da Criança Interior* dá um salto qualitativo, passando da vida imóvel para a animação tridimensional, à medida que cada carta adquire vida, com seu próprio começo, meio e fim. Só isso vale o preço da entrada para o teatro da alma multidimensional que os autores nos oferecem.

Antero Alli
Seattle, Washington
Janeiro de 1992

*Antero Alli é o autor de Astrologik e Angel Tech
e diretor da Paratheatrical Research de Seattle.*

Prefácio

Uma feiticeira. Dragões e castelos. Uma princesa encantada. A bruxa malvada. O lobo mau. Não podemos imaginar a infância sem as fábulas e seus personagens multidimensionais, personagens que adquirem vida como nossos heróis, heroínas, pesadelos e sonhos. Essas figuras levam-nos à descoberta dos tesouros de nossa própria alma.

A história de "A Bela Adormecida" encerra uma lição sobre a morte e o renascimento, a milagrosa transformação por que passamos ao evoluir da infância para a idade adulta. O tema de "Chapeuzinho Vermelho" dos Irmãos Grimm esconde uma introdução ao estágio de vida chamado individuação. Está implícito na fábula o conflito pessoal que enfrentamos ao nos depararmos com a dualidade aventura *versus* dever. Essa lição engloba a curiosidade, a inocência e a crise final do enfrentamento da própria sombra (ou da sombra coletiva, representada pelo lobo mau). Mamãe Ganso é a precursora histórica da vida e do mito, pois ela, simbolicamente, põe o ovo de ouro, o Sol, a Lua e, em alguns folclores, todo o Universo.

Quando somos pequenos, a fantasia enche nossa vida. Somos apresentados a elfos e gnomos, anões e guerreiros, anjos e feras. Aprendemos que a fé faz a alma brilhar, que a pureza é nossa maior alegria, e que o sofrimento e o sacrifício são as joias não lapidadas dos tesouros que estão por vir. Os contos de fadas, contados e recontados, enriquecem a parte mais profunda do coração, que é o nascedouro de nossas esperanças e ideais. Nenhuma outra criação literária tem um efeito tão fundamental sobre nós como os contos de fadas.

Diz-se que o folclore era tradicionalmente transmitido oralmente de professor para aluno, como forma de esclarecer o povo simples. Em certo sentido, portanto, o contador de histórias, o pai, o professor, ou qualquer pessoa que conta uma história, se torna um místico. A educação propiciada pelo mito é uma semeadura que prepara o solo para produzir força interior, segurança e autorrealização. A vivência interna do mito estimula os quatro estágios do desenvolvimento: físico, emocional, mental e espiritual.

As histórias infantis são um veículo pelo qual descobrimos e reverenciamos a musa. O que significa ficar entretido ou encantado? Por que, nas histórias de fadas, avançamos por caminhos sinuosos e intricados, em horripilantes e fascinantes tramas e, num piscar de olhos, vemo-nos alquimizados em pedras, animais, bruxas ou sapos? Nesses eventos transformadores, perdemos contato com a realidade cotidiana e, em certo sentido, perdemos a memória, para podermos renascer. Uma vez quebrado o encanto, nasce um mito pessoal maior.

As histórias de antigamente sugerem soluções. Seu objetivo nunca foi o de dar respostas, julgar, punir ou negar o fato de que, apesar de sermos mortais, não somos diferentes das magníficas fadas, anjos e magos encontrados na literatura infantil. As primeiras noções de rimas, enigmas e versos transformam-se em meios para atingir a maturidade e a capacidade de imaginar.

A mente da criança é repleta de imagens criativas. Essas imagens sondam a alma, desvelam o poder da luz e da sombra e desencadeiam o impulso de entender o desejo, o amor e o conflito. Da profunda percepção dos arquétipos de histórias vem o despertar das forças subconscientes que, com o tempo, curam o espírito. Os enigmas e as complicações da vida não são resolvidos com palavras, mas com previsão, clareza e experiência. Esse conhecimento voltado para o interior renova a vida da alma. Todos nos sentimos mais joviais e vibrantes quando crescemos no mundo imaginativo. Como os seres humanos precisam entrar na vida pelo portão da infância, os contos de fadas nunca desaparecerão. Eles constituem um fértil ponto de encontro entre a mente jovem e simples e a sabedoria da idade.

Nossa cultura tirou de cena os contadores de histórias de outrora. Muitas crianças continuam ouvindo os contos e captando suas mensagens básicas, mas são raras aquelas que, por causa disso, sofrem uma mudança de consciência verdadeiramente mágica, do tipo que enriquece a vida. O recente trabalho com a criança interior, que está tendo muita projeção, busca curar e libertar a criança interior ferida, levando as pessoas de volta ao estado infantil. Nessa condição, seja ela alegre, seja triste, inevitavelmente ocorre uma nova aceitação da vida, uma iniciação. Na jornada pelo passado sofrido, as pessoas acabam encontrando o caminho para a luz. O mais inspirador de tudo isso é a percepção de que a cura interna também produz efeito sobre a dor coletiva da humanidade. Através do trabalho individual, fazemos avançar as massas, não por meio de palavras, mas por meio de um verdadeiro *momentum* celular – um salto qualitativo na prestação de serviço universal.

Nossa maior esperança é de que *O Tarô da Criança Interior* seja de utilidade para nosso planeta nessa época de metamorfose global. Essas cartas introduzem a linguagem da consciência pictórica, e dessa fonte alimentadora é possível ouvir de novo a voz interior, há muito esquecida. Todos temos algo a aprender com a história do camponês que ganhou do rei uma floresta de sândalos e queimou-a inteiramente para vender carvão. Muitas vezes, não conseguimos ver os tesouros que jazem à nossa frente. Absortos na desesperada luta pela sobrevivência, às vezes destruímos ou ignoramos nossas mais preciosas dádivas. Cada um de nós é tão rico e divino como o Criador cósmico que nos guia. *O Tarô da Criança Interior* é um tributo aos nossos eus radiantes, à criança-estrela que vive em nosso coração e fala a língua do amor.

Como escritores, sabemos que a língua pode ser uma parte integrante de nosso futuro. Independentemente de sua forma - desenhada, escrita, cantada, dançada ou pintada - a linguagem, que é nossa capacidade de comunicação, é divina. Ao escrever este livro, assumimos o compromisso de criar o melhor trabalho possível. Em nossa busca interior, deparamos com a "questão de gênero" inerente aos contos de fadas; é uma questão importante para todos aqueles que usam as fábulas como ensinamento para as crianças ou para si próprias. Ao trabalhar e vivenciar *O Tarô da Criança Interior*, você vai encontrar várias personagens e figuras que podem parecer representações injustas de homens e mulheres. Lembre-se, por favor, de que, para receber os ensinamentos puristas dos contos de fadas, não podemos tomar ao pé da letra as imagens femininas e masculinas; trata-se de aspectos espirituais do desenvolvimento do nosso subconsciente. Isso não diminui a importância de imagens fortes e heroicas de mulheres e meninas, ou de imagens amorosas e receptivas de homens e meninos, como meio de orientação de desenvolvimento visando à autoconfiança e à saúde do ego.[1]

Dizer que este projeto foi inspirador para nós seria um eufemismo. Ele veio se desenvolvendo continuamente desde que nos encontramos pela primeira vez na Fundação Findhorn em Forres, Escócia, em 1977. Foi lá que começamos a trabalhar juntos com os arquétipos do tarô. Como muitos de vocês sabem, a Comunidade Findhorn começou em 1962 com a chegada de Peter e Eileen Caddy e sua companheira Dorothy Maclean. Com o passar dos anos, vieram à tona histórias espantosas sobre Findhorn, relativas a jardins mágicos e "sintonização" ritualística com espíritos, devas, fadas e outros "seres invisíveis" que constituem uma parte vital do mundo da natureza. Na época de nossa chegada, a comunidade era um centro florescente de várias centenas de pessoas que trabalhavam com transformação pessoal, educação e serviço planetário.

Nossa experiência em Findhorn foi o ponto de partida, o parque de diversões de onde surgiu *O Tarô da Criança Interior*. Na véspera do Ano-Novo de 1978, perto das badaladas da meia-noite, fizemos uma tiragem de 13 cartas em círculo, com a décima terceira ocupando o centro. Ao virarmos juntos essa carta, apareceu O Louco (carta 0 dos Arcanos Maiores). Espiritual e simbolicamente, nossa odisseia tinha começado. Em poucos meses, casamo-nos e começamos a viajar pelos Estados Unidos, ministrando seminários sobre Findhorn, astrologia e tarô. Ao mesmo tempo, no ventre de toda essa animação e todas as viagens, Gabrielle, nossa filha, estava em gestação. Embora planejássemos deixar Findhorn e nos fixar na costa oeste dos Estados Unidos, nossos "mestres interiores" nos colocaram numa peregrinação circular que nos levou de volta a Findhorn, onde Gabrielle nasceu no verão de 1979. Sem que nos déssemos conta conscientemente, e de forma realmente inspiradora, vivemos na prática a tiragem do Ano-Novo, os dois juntos, como O Louco em viagem pela estrada da evolução espiritual.

Quando imaginamos Chapeuzinho Vermelho como O Louco em *O Tarô da Criança Interior*, intuitivamente vimos Gabrielle como a criança seguindo pela estrada da vida. Somente agora percebemos o quanto a escolha e a sincronicidade foram intensas e significativas. Gabrielle completou 13 anos no ano da publicação de *O Tarô da Criança Interior*, o que aconteceu treze anos depois de nossa iniciação conjunta no tarô. Esse período corresponde ao número de cartas de nossa primeira tiragem. Contamos isso a vocês por ser um exemplo de como uma tiragem do tarô pode literalmente se transformar em uma experiência de vida, se tivermos coragem suficiente para viver o enredo na prática.

Parece que deixamos Findhorn há muitas vidas. Nossa trajetória foi pontilhada de muitas curvas e desvios – alguns sofridos, outros alegres, mas todos proporcionando oportunidades de cura e crescimento. Hoje, já não estamos casados, mas continuamos unidos pelo fio dourado de nossas filhas, Gabrielle e Katya, por nosso trabalho e por nosso objetivo de levar esse projeto até o fim. Na acepção mais verdadeira, somos almas amigas para sempre.

No mais profundo nível, nossas filhas foram a inspiração para a criação deste baralho. Quando eram bem pequenas, elas começaram a brincar com nossos baralhos de tarô. Adoravam as imagens vívidas e muitas vezes queriam saber a história da carta que escolhiam. Sempre foram atraídas pelas cartas mais inspiradas e bonitas. No entanto, desejávamos que nossas filhas pudessem usar um baralho de tarô que tivesse menos sofisticação adulta e mais gravuras que falassem ao coração.

Em uma manhã do verão de 1988, na fase da lua cheia, tivemos uma maravilhosa visão em que os contos de fadas e o tarô se uniam, formando um baralho para crianças e pessoas jovens de espírito. Ao explorarmos a ideia, concluímos que a força mística do tarô formava um gracioso par com os ensinamentos de mistério dos contos de fadas e dos mitos. Naquele dia, as revelações choveram a cântaros sobre nós, como brilhantes estrelas cadentes. Estávamos impregnados por uma visão e uma sabedoria que nos ultrapassavam.

Agora, esse sonho se realizou. Tivemos a honra de ter nossas cartas editadas por Bear & Company. Juntos, libertamos as ideias e inspirações que estavam em gestação havia vários anos. Este baralho é como uma borboleta, livre do casulo, aberta para a luz, dançando com o fogo. Esperamos que ele encontre o caminho para o seu coração.

I

O
ORÁCULO

Como Usar este Baralho

Quase sete séculos se passaram desde que as primeiras autênticas cartas de tarô apareceram na França em 1392. Desde então, foram criados centenas de baralhos - em muitas culturas e em todos os cantos do mundo. *O Tarô da Criança Interior* é uma expressão evolutiva da sabedoria e da magia do tarô. Para ajudar você a entender melhor como foi criado este novo baralho e qual a finalidade dele na sua vida, segue-se um breve apanhado da história recente das cartas do tarô.

As origens do tarô têm sido objeto de debates e especulações por parte de muitos autores. Há quem afirme que os 22 Arcanos Maiores eram quadros gigantescos de uma passagem secreta que ligava a Grande Pirâmide e a Esfinge do Egito, e que fazia parte da iniciação dos neófitos caminhar por essa galeria, onde seriam inspirados pelas imagens, símbolos e presenças espirituais delineados nas pinturas. Outros escritores sugeriam que o tarô teve origem em Fez, no Marrocos, ou em alguma outra cidade lendária do mundo antigo, para onde convergiram sacerdotes e sacerdotisas com o intuito de reunir a Sabedoria Atemporal sob a forma de um livro de pinturas ou cartas. Embora esses e outros relatos sejam fascinantes, eles não fazem mais do que nos lembrar de que as origens do tarô estão envoltas em mistério. O que sabemos com certeza é que os baralhos de tarô surgiram na Europa na época da Renascença.

Tarô vem do francês *tarot*, cujo *t* final é mudo. No entanto, o nome *tarocchi* era usado na Itália. Parece que as cartas involuíram para um sistema de jogo de azar ou passatempo. Isso traz à baila outro fato histórico sobre as cartas do tarô: há uma clara ligação entre o tarô e as modernas cartas de jogo. O tarô tem 22 Arcanos Maiores e 56 cartas menores. As 22 cartas maiores são numeradas de I a XXI, porém existe mais uma, conhecida como O Louco, indicada pelo zero. As 56 cartas menores compõem-se de quatro naipes, cada um contendo 10 cartas numeradas e quatro figuras da corte. Os baralhos modernos de jogo constituem-se de 52 cartas, porém a maioria dos fabricantes inclui um Curinga. Esse Curinga é o Louco do antigo tarô. Além disso, as modernas cartas de jogar têm apenas três figuras da corte (Rei, Dama e Valete), enquanto o tarô tem quatro (tradicionalmente chamadas Rei, Rainha, Cavaleiro e Pajem).

Fica claro, mesmo com um exame superficial das 22 imagens dos Arcanos Maiores, que algo profundo opera por seu intermédio. Basicamente, as 78 cartas do baralho do tarô podem atuar em três níveis. No nível mais elevado, o tarô é um sistema de exploração e de compreensão das leis e princípios ocultos da Sabedoria Atemporal. É também um expediente matemático e científico para penetrar nos segredos da vida, além do mundo tridimensional. Em um segundo nível, o tarô e seus vários símbolos, imagens e arquétipos refletem um caminho único de destino e serviço que cada alma humana percorre no decorrer de uma vida. Em um terceiro nível, o tarô é um oráculo, ou técnica divinatória, que permite às pessoas formular importantes perguntas e receber respostas esclarecedoras. Dessa forma, o tarô também pode funcionar como instrumento para ver o passado, aclarar questões do presente e abrir as portas do futuro.*

Nas últimas décadas, temos testemunhado o surgimento de uma profusão de baralhos oraculares nas livrarias da Nova Era. Criadores inventivos começaram a ir além do tarô, desenhando baralhos baseados em animais, árvores, runas, vida asteca, anjos, e assim por diante. *O Tarô da Criança Interior* utiliza o sistema de tarô de 78 cartas, porém, na medida em que resgata a magia dos contos de fadas e dos mundos invisíveis da natureza, este baralho representa uma importante reinterpretação do tarô e um reavivamento da sabedoria interior oculta em seus caminhos labirínticos.

Embora o significado das 22 cartas dos Arcanos Maiores sempre tenha sido o caminho espiritual de destino de cada alma humana, muitos baralhos – em especial os de Rider-Waite e Crowley, que dão ênfase aos desenhos alquímicos – incorporaram vários símbolos e imagens esotéricas difíceis de decifrar. Em parte, o que se visava era manter os Arcanos Maiores fora do alcance de pessoas que fariam mau uso das cartas. No entanto, ao projetar *O Tarô da Criança Interior*, nosso objetivo foi revelar a beleza, a sabedoria, a alegria e a inocência que impregnam os Arcanos Maiores. Empenhamo-nos em criar um baralho que os pais, os professores e as famílias pudessem utilizar sem se perderem em uma infinidade de significados, difíceis de compreender, dos arcanos. Também nos demos conta de que alguns contos de fadas parecem simbolizar cartas fundamentais dos Arcanos Maiores, e de que esses contos "contam a história das cartas". Por exemplo, a história de "A Bela Adormecida" e a carta da Morte têm um significado análogo, desde que se entendam as mensagens mais profundas de metamorfose pessoal constantes do núcleo central do

---

* Para informações mais apuradas e atualizadas sobre a estrutura do baralho e sua evolução iconográfica, leia *História do Tarô*, de Isabelle Nadolny, publicado pela Editora Pensamento, 2021. (N. do RT.)

conto e do décimo terceiro Arcano. "Cinderela" encaixa-se harmoniosamente com a carta A Lua, tradicionalmente associada ao signo de Peixes e ao grande poder dos sonhos e visões. E o mesmo acontece com muitos contos de fadas correlacionados com suas respectivas cartas: "Branca de Neve" com O Eremita (Virgem), "A Bela e a Fera" com A Força (Leão), "Rapunzel" com A Torre (Marte) e "João e Maria" com Os Enamorados (Gêmeos).

Em síntese, os contos de fadas do mundo ocidental, quando colocados na sequência certa, aparecem como expressões vívidas dos arquétipos ocultos do inconsciente coletivo, arquétipos que se tornam visíveis e manifestos como uma trajetória espiritual pelos Arcanos Maiores do tarô. Se aceitarmos a ideia de que cada um dos 22 Arcanos Maiores é um ser ou uma vida espiritual em um plano superior de existência, segue-se que os contos de fadas e seus principais personagens são modelos vivos desses Arcanos, operando no mundo da imaginação, dos sonhos, das fantasias da infância. De uma forma que desperta interesse, ensina-se às crianças a magia do tarô e os 22 caminhos de destino, utilizando os contos de fadas. As crianças ganham uma "chave" da arca do tesouro do significado oculto dos contos de fadas e do folclore antigo. *O Tarô da Criança Interior* dispõe os contos de fadas em uma sequência mágica, na estrada régia do tarô.

Redesenhamos os 22 Arcanos Maiores, transformando-os em um caminho espiritual baseado em nossa investigação do deslumbramento e do mistério da Criança Divina que vive dentro de cada um de nós. Os quatro naipes dos Arcanos Menores também foram totalmente reformulados e redesenhados. Os naipes foram transformados em Varinhas de Condão (fadas), Corações Alados (sereias), Espadas (crianças em aventuras) e Cristais (gnomos). Muitos criadores de tarô simplesmente enumeram as cartas menores de 1 a 10, colocando nelas o número correspondente de Ouros,

Copas, Paus ou Espadas. Em nosso baralho, cada uma das cartas conta uma história, que abre o coração e a mente para novas revelações da jornada divina. Também reformulamos as 16 cartas da corte que fazem parte dos Arcanos Menores.

Joseph Campbell e outros escritores assinalaram que os quatro naipes e as figuras da corte de cada novo baralho de tarô refletem a cultura e as diferenças de classe na época da idealização do baralho. Ao escrever sobre os baralhos de tarô da Idade Média, Campbell opinou que as Espadas significavam a nobreza, os cavaleiros e soldados; as Copas referiam-se à Igreja e às figuras religiosas; os Paus estavam associados aos camponeses que cultivavam a terra; e os Ouros ou pentáculos diziam respeito à nova classe emergente de mercadores e artesãos. Além disso, as figuras da corte do Rei, da Rainha, do Cavaleiro e do Pajem eram reflexos especulares das culturas europeias naquele período histórico.

Enquanto criávamos *O Tarô da Criança Interior*, ficou evidente que os naipes e as figuras da corte precisariam ser remodelados para acompanhar o mundo cambiante da década de 1990 e o alvorecer da Era de Aquário. Graças à nossa experiência em Findhorn e ao nosso enfoque no tema da criança, logo ficou evidente de que forma deveríamos redesenhar os quatro naipes. Esse novo desenho modificou uma coisa muito importante do tarô. Em *O Tarô da Criança Interior*, as cartas menores encerram energia e presença espiritual. Isso está em conformidade com o fato de que a assim chamada vida terrena comum passou a ser muito mais rica em um plano cósmico, divino. De certa forma, a magia e o mistério dos 22 Arcanos Maiores atingiram ou impregnaram o reino das 56 cartas menores. Nosso baralho mostra esse fenômeno. Você verá que mudamos os nomes Pajem, Cavaleiro, Rainha e Rei para Criança, Explorador, Guia e Guardião.

Estas últimas denominações são nomes, atributos e imagens que refletem nossa vida atual, como pessoas em busca da sabedoria que está além dos referenciais rígidos e estratificados da vida nas cortes europeias de centenas de anos atrás.

Para o número cada vez maior de pessoas desejosas de curar "a criança interior ferida", *O Tarô da Criança Interior* propicia um modo sagaz de alcançar a inocência perdida da infância, e a alegria, a pureza e o deslumbramento da consciência infantil. A esse respeito, é interessante observar que um novo planeta – agora considerado um planetoide ou cometa – foi descoberto em 1º de novembro de 1977. Foi imediatamente denominado Quíron, o nome do centauro grego, um ser mágico que se tornou conhecido dos astrólogos e pesquisadores modernos como o "curador ferido". Barbara Hand Clow escreveu extensamente sobre o significado de Quíron (*Chiron: Rainbow Bridge Between the Inner and Outer Planets*).* Nossa experiência revela que o posicionamento de Quíron no nascimento tem profunda ligação com a necessidade de curar a criança ferida antes de podermos nos considerar íntegros como adultos. Observe-se a semelhança do *chi* nas palavras *child* (criança) e *Chiron* (Quíron), e a ligação com *chi*, palavra chinesa que significa fluxo de energia.

Uma das formas mais extraordinárias de trabalhar com um novo baralho de tarô é comprá-lo em um momento significativo. Isso significa comprar o baralho em um dia do ano em que o Sol (iluminação espiritual) esteja transitando sobre o posicionamento natal do seu Quíron (cura, ensinamentos da Sabedoria (atemporal), Urano (intuição, revolução, iluminação), Netuno (imaginação, sensibilidade psíquica, misticismo) ou Plutão (psicologia profunda, transformação, morte/renascimento). O baralho "nasce" para você no momento em que é comprado ou que o ganha de presente. Como uma pessoa, o baralho tem um mapa astrológico

---

* *Quíron - Ponte de Ligação entre os Planetas Interiores e Exteriores*. Editora Pensamento, São Paulo, 1992. (fora de catálogo)

e qualidades e atributos especiais. Se obtiver o baralho quando o Sol estiver passando por um dos planetas mencionados, suas cartas ficarão impregnadas dos poderes divinos de cura que você possui. (Entre em contato com um astrólogo bem conceituado para determinar as datas em que, a cada ano, o Sol transita sobre esses planetas no seu mapa natal. Essas datas se repetirão, com um dia de variação, pelo resto da sua vida.)

Em conformidade com os três níveis nos quais o tarô pode funcionar, é importante entender que você pode simplesmente estudar e vivenciar as cartas uma a uma, deixando que cada conto ou história fale com você, no coração e na alma. Dessa forma, você também pode relacionar o mundo das 22 cartas maiores com o das 56 cartas menores e ver que O Louco (Chapeuzinho Vermelho) é a ponte entre os dois mundos. Você também pode dispor todas as cartas maiores em sequência e ver a progressão de desenvolvimento que elas representam no caminho espiritual da Criança Divina. Recomenda-se enfaticamente ler com atenção e sem pressa as descrições das 78 cartas. Agindo assim, você irá armazenar as ideias e imagens no subconsciente, um passo crucial antes de usar *O Tarô da Criança Interior* como oráculo ou sistema divinatório.

Antes de prosseguirmos, é conveniente atentar para as definições de *oráculo* e *divinação*. O *Random House Dictionary of the English Language* define *oráculo* da seguinte maneira: "1. uma declaração feita por um deus através de um sacerdote ou sacerdotisa em resposta a uma consulta". O verbete *divinação* informa: "1. tentativa de predizer eventos futuros ou descobrir conhecimento secreto por meios ocultos ou sobrenaturais. 2. augúrio; profecia". Em outro capítulo, vamos explorar diferentes disposições, mas é importante entrar no estado certo de consciência ao utilizar as cartas para fins de divinação.

Em nossa opinião, não existe uma única maneira correta de se preparar para uma sessão ou leitura divinatória. O ponto importante é respirar descontraidamente, sentar-se de maneira confortável e abrir o coração e a mente ao seu mais íntimo manancial de paz e alegria. Algumas pessoas gostam de acender uma vela e/ou queimar incenso. Nas tranquilas cidadelas da mente e do coração, fique receptivo às vozes orientadoras dos seus mestres e guias superiores. Pode valer a pena criar um local especial na sua casa para fazer as leituras. Talvez possa criar um altar com objetos-chave – pedras, conchas, penas, fotografias, lembranças especiais. Crie um processo e um ritual que sejam compatíveis com você.

Outro ponto-chave relativo ao uso de *O Tarô da Criança Interior* para fins divinatórios: você pode interpretar as cartas para si mesmo, para um amigo, para um membro da família ou para um cliente, ou fazer com que outra pessoa leia as cartas para você. Algumas autoridades tradicionais desaconselham fazer interpretações para si mesmo; no entanto, esse é um procedimento correto desde que você intensifique a objetividade e assuma uma atitude mental e espiritual reverente. Se tiver alguma pergunta fundamental que precise ser respondida, escreva-a e mantenha-a à sua frente. Você também pode tomar notas enquanto vira as cartas, ou mesmo gravar sua sessão. Deixe que sua mente faça "livres associações" quando as cartas vão aparecendo. Se uma figura masculina mais velha de uma carta parecer o seu avô, não coloque essa ligação em dúvida. Talvez seu bondoso e sensível avô seja uma imagem, um arquétipo interno relevante para o que você precisa entender naquele momento. Se uma garotinha ou garotinho lembrar-lhe sua filha, filho ou você mesmo quando criança, siga esse lampejo de intuição. Ela pode significar algo que acabará abrindo um tesouro oculto.

Sobretudo, sinta-se livre para criar uma história inteira na interpretação que fizer. Você pode compor, com todas as cartas, um enredo, uma novela, ou uma aventura. Pode encontrar as respostas para as perguntas mais difíceis, desde que acredite em si mesmo e em seu destino de vida espiritual. Além disso, entenda que quanto mais você usar e jogar o *Tarô da Criança Interior*, mais forte se tornará sua intuição. Se você não estiver enfocando uma única área da sua vida, a leitura abarcará muitas facetas da sua experiência atual. Lembre-se de encarar o baralho como um amigo, pois sua leitura, então, será um reflexo imaginativo e psíquico do eu interior e de sua realidade cambiante.

 A maneira de guardar as cartas também é importante. Somos a favor da ideia de proteger o baralho embrulhando-o em um lenço de seda ou colocando-o em uma bolsa de algodão ou veludo. Talvez você também queira descansar o baralho em uma bela caixa decorada que lhe traga inspiração ou boas recordações.

Como Usar o Baralho com Crianças

Quando usar estas cartas com crianças, recomendamos que você seja simples e instamos para que seja criativo e imaginativo. Nosso objetivo, ao projetar este baralho, foi despertar a inocência e o deslumbramento do coração infantil. Há muitas maneiras de "brincar" com estas cartas. Apresentamos aqui algumas ideias e sugestões para fazer com que essas 78 histórias adquiram vida para a garotada.

As crianças gostam de coisas palpáveis e materiais. Adoram examinar e tocar o mundo que as cerca. As cartas constituem um potente veículo para que elas explorem sua imaginação fértil. O simples ato de embaralhar e segurar as cartas pode despertar-lhes a curiosidade e a fascinação. Quando mostrar o baralho às crianças, não deixe de descrever as virtudes especiais e de muito valor representadas nas cartas, como amigos, professores e guias desenhados. Isso intensificará nas crianças o sentimento de respeito, ao aprenderem a jogar e a sintonizar-se com as visões coloridas e fantasiosas que o baralho apresenta.

Estas cartas podem ser usadas como um recurso para acalmar e meditar, ou como um meio de estimular a brincadeira e a atividade. Esperamos que elas incentivem a arte de contar histórias e a visualização. Em uma era de televisão, computadores, celulares e *tablets* de alta tecnologia, os sonhos e as visões das crianças sobre a cultura ocidental são transmitidos a elas pela tela. Seu ímpeto de criar magia e participar de jogos criativos foi substituído pela passividade. Muitas crianças passaram a ser meras espectadoras do processo inventivo da imaginação. Esperamos reintroduzir o conceito de que cada um de nós traz em si o fogo divino da paixão criadora. É no ato de expressar os sonhos que concretizamos o potencial de nossa arte pessoal.

Há muitas formas de apresentar as cartas a uma criança. Você pode dispor os 22 Arcanos Maiores em leque e pedir que ela escolha um deles. A carta escolhida, em seguida, transforma-se na história que vocês dois compartilham. Você pode espalhar as 78 cartas e fazer com que a criança escolha uma delas. Qualquer imagem que apareça pode dar a ideia para uma história ou jogo. Incentive as crianças a inventar e a descobrir o que cada carta significa para elas. A princípio, pode haver resistência. A essa altura, você pode, com espontaneidade, dar o exemplo.

É divertido levar o baralho em excursões ou piqueniques. Nos momentos de descanso, você pode pegar o baralho e deixar que cada pessoa escolha uma carta "de jogo". A forma como cada um se familiariza com a sua imagem ou conto de fadas passa, então, a fazer parte da surpresa daquele dia. Usar as cartas no meio da natureza é particularmente maravilhoso e enriquecedor.

Usar as cartas na hora de ir para a cama é uma ótima maneira de terminar um dia atarefado, pois as imagens do dia são o alimento de nossa noite. Você pode, se quiser, guardar um baralho especial na mesinha de cabeceira ou na prateleira do quarto da criança, fazendo da escolha da "carta do sonho" um ritual noturno. Isso pode ajudar a criança a combater os medos noturnos, pois a imagem pode ser colocada debaixo do travesseiro dela, como um guardião ou protetor. Você também pode puxar propositadamente determinadas cartas, como O Anjo da Guarda, a Fada Madrinha, ou a Estrela dos Desejos, deixando-a à noite próximo à cama.

As férias e os feriados também são épocas em que se pode usar o baralho. Determinadas cartas do baralho podem ser usadas para realçar a decoração das mesas. Por exemplo, a carta do Papai Noel poderia ser colocada entre as meias no Natal. O Seis de Paus (os dançarinos do Maypole – mastro enfeitado dos festejos do dia 1º de maio) pode ser colocado perto de um vaso de flores de maio recém-colhidas, para lembrar o espírito da primavera; o Sete de Cristais (a criança com a *menorah*) pode ser colocado perto das velas Chanukah. As possibilidades são muitas, e incluem a Páscoa ("Mamãe Ganso"), os solstícios e equinócios ("A Estrada de Tijolos Amarelos"), os aniversários. A cada aniversário, pode-se tomar o baralho e escolher uma carta, que passa a representar então o verdadeiro cartão de aniversário da criança.

Todas essas sugestões são feitas para que você as elabore e modifique de acordo com sua família, seus amigos e companheiros de jogo. A verdadeira missão é identificar-se com as cartas e deixar que elas falem sua própria língua. Esses exemplos valem para as crianças de qualquer idade, de 1 a 100 anos ou mais! Deixe que a criança brinque no seu coração. Divirta-se!

Métodos de Leitura

A ntes de embaralhar as cartas, escolha a disposição adequada para a sua leitura. Este é um passo importante do processo, pois a escolha mental da disposição imediatamente "condiciona" o seu subconsciente, permitindo que ele, magicamente, selecione as cartas certas para os lugares certos na disposição.

Embaralhar as cartas é outro ritual significativo. Nesse caso, cada um tem o próprio modo de fazê-lo; nós sugerimos apenas que embaralhe com sensibilidade e cuidado. Entenda que você está colocando suas vibrações nas cartas, e que elas responderão a seus mais profundos anseios, desejos e necessidades espirituais. De alguma forma misteriosa, seu subconsciente irá conduzir o processo de embaralhar e selecionar as cartas. Siga o fluxo e abra-se à maravilha e à alegria do reino secreto de sabedoria do coração.

Ao escolher as cartas, depois de embaralhadas, para a maioria dos tipos de disposições, primeiro disponha-as em forma de leque, mantendo-as sempre viradas para baixo, e selecione uma com a mão esquerda. O lado direito do cérebro controla e dirige o lado esquerdo do corpo. Assim, a mão esquerda está mais alinhada com o "cérebro direito", imaginativo e intuitivo, enquanto a direita está mais associada ao "cérebro esquerdo", racional e lógico. No entanto, se você for canhoto, pode ser que o contrário seja verdade. Ao dispor as cartas, mantenha-as sempre viradas para baixo, até estar pronto para interpretá-las.

Outra de nossas recomendações fundamentais diz respeito às "cartas invertidas". Muitos professores e autores de livros de tarô aceitam a ideia de que as cartas invertidas têm o significado oposto ou contrário ao das cartas na posição normal. Sugerimos enfaticamente que ignore totalmente as cartas invertidas, simplesmente endireitando-as. Quando os baralhos de tarô foram criados, os desenhistas passaram muitas horas produzindo belas obras de arte. A sugestão de que uma carta invertida significa que você deveria inverter o significado da carta parece ser uma forma negativa de usar o baralho. Aceitar a ideia da inversão do significado dá força à parte da mente que enfatiza a dualidade, a polaridade e a divisão. Além do mais, a tentativa de analisar a carta invertida e sua mensagem faz com que você se afaste da orientação divina, que flui para a sua personalidade, vinda do subconsciente e dos mestres superiores através da figura da carta. Toda carta vai falar com você, mas só se estiver olhando para a imagem da forma como ela foi originalmente pintada e concebida.

O POÇO DOS DESEJOS

Depois de meditar e embaralhar, distribua as cartas em círculo, no sentido horário. Assim se faz a tiragem chamada O Poço dos Desejos. Escolha qualquer carta do círculo, vire-a e coloque-a no centro do poço (o círculo).

Esta é a disposição ideal para quando você estiver buscando a resposta para uma questão específica e estiver realmente *desejando* sondar as profundezas de sua alma. Entenda que a carta escolhida é um espelho espiritual da sua vida naquele momento. De todo o universo das 78 imagens de *O Tarô da Criança Interior*, você selecionou esse quadro como um catalisador da mudança e da inspiração. Pense como é extraordinário o fato de, por alguma razão desconhecida, as outras 77 cartas não serem apropriadas para você examinar naquele momento. Assim como acontece quando você joga uma moeda ou pedra da sorte em um poço dos desejos, aparentemente sem fundo, virá à tona uma dádiva do poço secreto de sabedoria e amor do seu coração – nesse caso, na forma de uma carta. Valorize essa manifestação da sua criança interior.

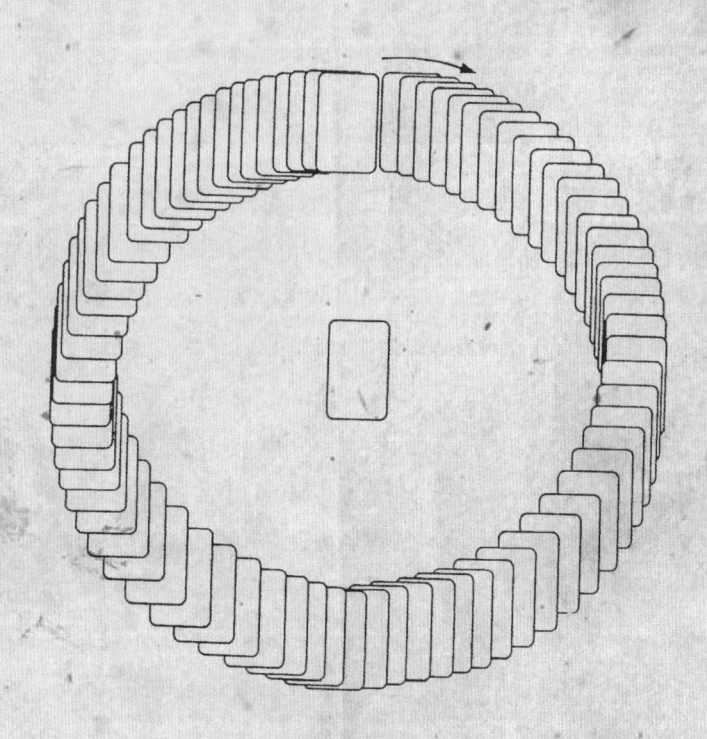

O Poço dos Desejos

Esta tiragem também pode ser feita com um grupo, como uma forma especial de iniciar uma reunião ou um encontro. Cada pessoa pode embaralhar as cartas, e todos os participantes do grupo podem ajudar a dispô-las em círculo. Em seguida, uma pessoa, escolhida pelo grupo, pode puxar, com cuidado e sensibilidade, uma carta que significará o propósito do grupo nos dias e semanas que estão por vir.

Tenha em mente que o poder e a magia dessa disposição derivam do fato de que se escolhe apenas uma carta para revelar os mistérios da vida. Na numerologia, 1 é a chave da unidade, da integridade, da força espiritual.

VIRANDO A ESQUINA

Esta disposição é a nossa versão da interpretação simples de passado, presente e futuro, feita com três cartas. O número 3 está sempre associado à síntese, criatividade, alegria e inspiração divina.

Depois de dispor as cartas em forma de leque, escolha três delas, de qualquer parte do baralho, que representarão a primeira casa (o passado), a esquina (o presente) e a casa virando a esquina (o futuro), colocando-as da direita para a esquerda. Assim como uma criança pode estar em uma bicicleta indo da sua casa para a casa de um amigo, virando a esquina, você, nesse momento, está saindo de uma realidade e virando a esquina rumo à sua próxima experiência. Passado, presente e futuro podem ser entendidos como a forma como você "faz a virada".

Métodos de Leitura 49

```
        ┌─────────┐
        │    1    │
        │ PASSADO │
        │primeira │
        │  casa   │
        └─────────┘

┌─────────┐  ┌─────────┐
│    3    │  │    2    │
│ FUTURO  │  │PRESENTE │
│a casa   │  │a esquina│
│virando  │  │         │
│a esquina│  │         │
└─────────┘  └─────────┘
```

Virando a Esquina

Esta disposição, que permite a você criar uma história no tempo, também ajuda a entender que toda ação gera uma reação, que exige, no fim, uma solução. Os antigos referiam-se à trindade como um sistema de tese, antítese e síntese. Todas as tiragens tríplices podem ajudá-lo a integrar corpo, mente e espírito de uma maneira rica e reveladora.

A CRIANÇA (*CHILD*)

Esta é uma interpretação com cinco cartas, plena de deslumbramento e magia. Depois de dispor todas as cartas em forma de leque, escolha cinco de qualquer parte do baralho e coloque-as, voltadas para baixo, em uma fileira da esquerda para a direita. Para entender o significado dos posicionamentos, considere o significado espiritual de cada uma das letras da palavra *child*.

A carta 1 está associada à letra *C*. Essa letra começa a palavra e sua forma é a da lua crescente. A carta nessa primeira posição representa sua receptividade ao mundo que o cerca – sua abertura às forças universais que moldam seu destino.

A carta 2 está associada à letra *H*. Essa letra tem a aparência de uma escada. A carta na segunda posição indica como você faz sua escalada interior para atingir um novo patamar de compreensão espiritual.

A carta 3 está associada à letra *I*. Não é incrível que no meio da palavra *child* [criança, em inglês] esteja a letra *I*, simbolizando individualidade, independência, o *eu* ou *ego* desenvolvendo-se interiormente? A carta nessa terceira posição da tiragem significa a realidade central da sua vida, uma meta especial, uma "mudança de coração" capaz de transformar sua existência.

A carta 4 está associada à letra *L*. A carta nessa posição representa a nova *vida* que você está criando constantemente, o *amor* que você atrai para si e dá aos outros, e as *leis* do mundo que você precisa entender.

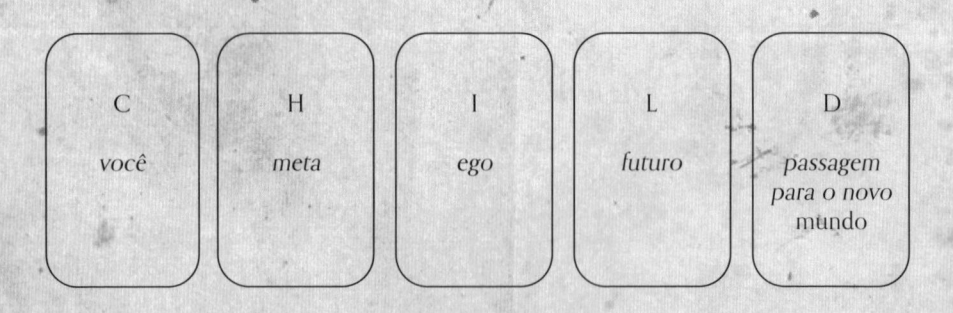

C	H	I	L	D
você	*meta*	*ego*	*futuro*	*passagem para o novo mundo*

A Criança (Child)

A carta 5 está associada à letra *D*. No alfabeto hebraico, o *D*, chamado *daleth*, era representado por uma porta. A quinta carta nessa disposição é sua passagem para o mundo e os desafios e oportunidades no seu horizonte imediato. A carta que aparece nesse ponto também significa sua "quintessência", aquele aspecto único da vida que é muitas vezes difícil de penetrar e quase impossível de descrever.

É importante observar que, na numerologia, a soma da palavra *child* é 36, que se reduz a 9. CHILD = 3 + 8 + 9 + (12) + 4 = 36/9. Cada letra do alfabeto tem um correspondente numérico baseado na posição daquela letra na sequência das 26 letras do alfabeto. Assim, A = 1, H = 8, L = 12 (pode ser reduzido a 3), X = 24 (pode ser reduzido a 6), e assim por diante.

Por que teria o número 9 tanta importância para a consciência da criança? Isso faz parte do mistério da vida. O que sabemos, isso sim, é que o embrião humano leva nove meses para se desenvolver durante a gestação. Existem também apenas nove números básicos (depois do 9, os números, em síntese, repetem-se em escala superior).

Enquanto preparávamos este livro e refletíamos sobre o significado do aparecimento de *O Tarô da Criança Interior* no início da década de 1990, achamos que havia uma ligação especial entre a criança interior e o número 9. Agora, esse elo se afigura autêntico, e já que a década de 1990 se afigurou destinada a ser crucial para a cura da criança interior e reconhecimento das necessidades das crianças do mundo todo. Ainda a esse respeito, é muito significativo que o planeta da cura e a chave da Sabedoria Atemporal, Quíron, tenha transitado pelo signo de Leão de 1991 a 1993 – pela primeira vez em quase 50 anos. Leão é o principal signo zodiacal relacionado com todos os aspectos da consciência da criança.

O ARCO-ÍRIS

Todas as tiragens que usam o sistema de sete cartas contêm um elemento de encantamento e mistério. O arco-íris de sete cores sempre foi visto como um acordo entre os mundos espirituais e a vida humana. É um sinal da magia celestial e terrestre, uma interpenetração.

Espalhe as cartas em forma de leque do modo habitual e, em seguida, escolha sete delas, de qualquer parte do baralho. Disponha-as em forma de arco da esquerda para a direita: as três primeiras cartas em linha ascendente, as três últimas em linha descendente, e a quarta no alto, completando o desenho.

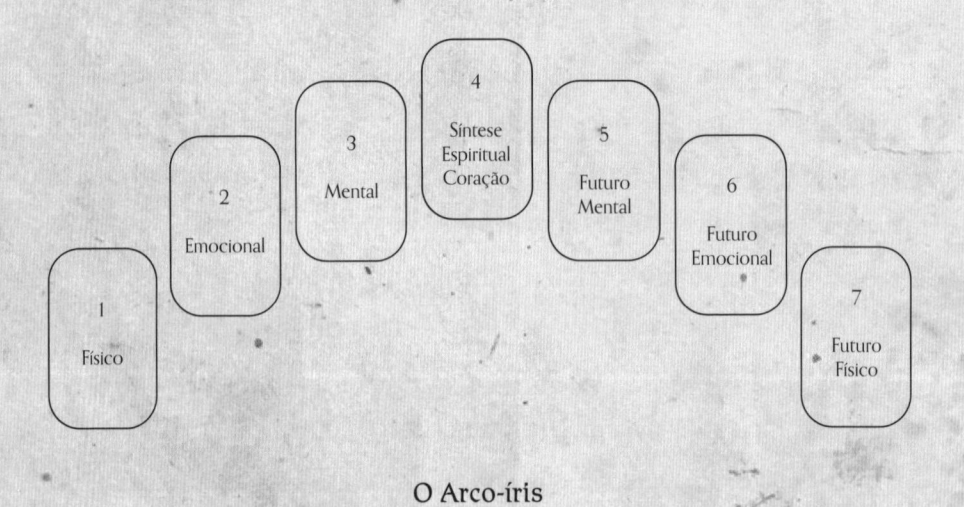

```
              4
              Síntese
         3    Espiritual    5
    2    Mental  Coração  Futuro
   Emocional              Mental    6
1                                 Futuro
Físico                          Emocional    7
                                           Futuro
                                           Físico
```

O Arco-íris

Há várias maneiras de interpretar as cartas com essa tiragem. A mais simples é ver as cartas 1, 2 e 3 como representação do seu desenvolvimento físico, emocional e mental no passado recente. A carta 4 significa a síntese desse crescimento ou experiência no momento atual, uma mudança espiritual que precisa ser admitida. As cartas 5, 6 e 7 simbolizam os reflexos do seu futuro desenvolvimento mental, emocional e físico. Nesse método, há elos sutis, embora importantes, entre as cartas 1 e 7, as cartas 2 e 6 e as cartas 3 e 5 - sendo a quarta o centro unificador da leitura.

As sete cores e os sete chakras (centros do corpo etérico) também podem ser relacionados com as sete cartas dessa leitura, O Arco-íris. Portanto, a sequência de imagens dessa disposição pode, na verdade, ajudá-lo a entender se uma parte do seu corpo precisa ser curada, ou se um aspecto de sua personalidade precisa ser cuidado. Cartas muito inspiradoras, representando um determinado chakra, podem indicar a necessidade de um verdadeiro desenvolvimento naquela área. Ou o aparecimento de uma carta especial, relacionada com uma cor, pode ser um sinal de que você deveria usar roupas dessa cor com mais frequência, ou talvez acrescentar alimentos dessa cor à sua dieta.

O número 7 também é crucial em termos de expressão da alma. Em algumas escolas de pensamento, diz-se que a alma realmente assume o controle do corpo físico aos 7 anos de idade. Nessa ocasião, o *ego*, ou eu, encarna mais completamente na criança, permitindo que os sete anos seguintes sejam primordialmente dedicados ao crescimento emocional (dos 8 aos 14 anos). Seguem-se sete anos com ênfase na expressão e desenvolvimento da mente (dos 15 aos 21 anos). Depois, há outros sete anos de gestação espiritual (dos 22 aos 28 anos), um ciclo muitas vezes ignorado em nossa cultura ocidental voltada para o materialismo e os ganhos monetários.

A AMARELINHA

Uma das primeiras brincadeiras de que as crianças gostam é a amarelinha. Apesar de haver diversas modalidades desse jogo, a que escolhemos usa dez casas ou campos. Brinca-se de amarelinha atirando uma pedra nas casas numeradas e, em seguida, salta-se com um só ou com os dois pés nas casas, para recolher a pedra e voltar à posição original. Para continuar o jogo, é preciso jogar a pedra em cada uma das casas numeradas, sem pisar nas linhas. Ao pular para apanhar a pedra, você não pode pisar nas linhas. O nome desse jogo, em inglês, é *hopscotch* - "pular as linhas". O objetivo do jogo é ser o primeiro a conseguir atirar a pedra nas dez casas e pular de volta à posição inicial, depois de ter apanhado a pedra em cada quadrado.

É um tanto surpreendente que a amarelinha, com suas dez casas, seja semelhante aos dez centros de energia das *Sephiroth* da Árvore da Vida da Cabala Hebraica. A Árvore da Vida é um dos grandes mistérios da filosofia esotérica. É um sistema ou instrumento para entender e contemplar a existência espiritual, a vida sobre a Terra, e as maravilhas da evolução humana. A Árvore da Vida está associada às 22 letras do alfabeto hebraico e aos 22 Arcanos Maiores do tarô tradicional.

O jogo da amarelinha, à sua moda, é uma "árvore da vida" para a criança. Ela ensina a criança a ter disciplina, paciência, concentração, coordenação mão-olhar, postura, equilíbrio, orientação para metas e até matemática elementar. Uma coisa é a criança contar números mentalmente; pular os números e vivenciá-los como um jogo real de vida, com outras crianças, é algo diferente.

Depois de abrir as cartas em forma de leque, escolha dez de qualquer parte do baralho e coloque-as, voltadas para baixo, nas casas numeradas da tiragem A Amarelinha. Os significados de cada posição são mostrados no diagrama. Esses significados correspondem às principais características dos dez primeiros números. Também se pode ver que, como na tiragem O Arco-Íris, há interligações incomuns entre os posicionamentos numerados. O 1 equilibra o 10, o 2 revela uma ligação com o 9, e o 3 se alinha com o 8. No centro da Amarelinha, vivenciamos o

Métodos de Leitura 55

mundo quádruplo de nosso eu central – o universo físico, emocional, mental e espiritual onde cada um de nós vive. As três primeiras cartas

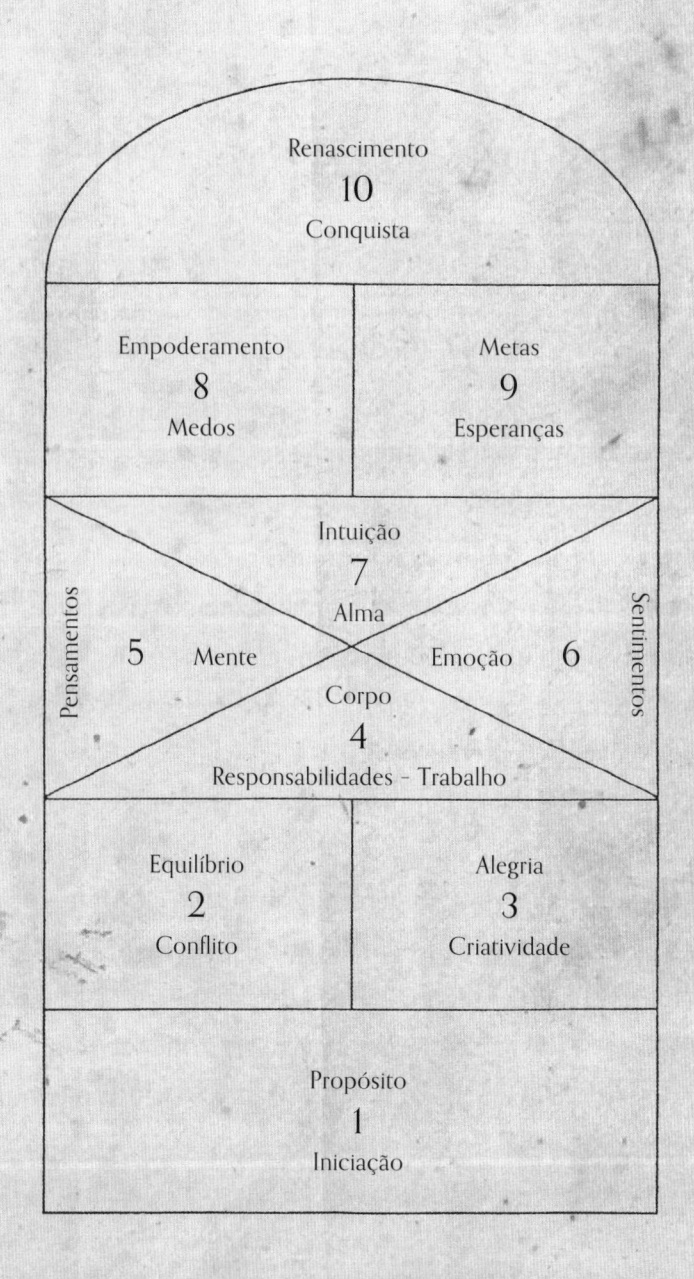

```
                    Renascimento
                         10
                      Conquista

      Empoderamento           Metas
            8                    9
         Medos               Esperanças

                      Intuição
                         7
                       Alma
   Pensamentos  5  Mente   Emoção  6  Sentimentos
                       Corpo
                         4
              Responsabilidades – Trabalho

        Equilíbrio              Alegria
            2                      3
         Conflito             Criatividade

                      Propósito
                         1
                      Iniciação
```

A Amarelinha

podem significar nossa própria trindade divina interna, enquanto as três imagens finais podem representar a síntese trina das experiências que nos aguardam nos reinos exteriores.

A ESCADA EM CARACOL

Qualquer pessoa que conheça os romances de mistério e os filmes clássicos de suspense vai reconhecer o formato da Escada em Caracol. Mas o que ela representa de fato? Estranhamente, ela é um reflexo da forma espiralada da molécula do DNA, que contém o código genético, aquele padrão interior totalmente peculiar que diferencia os seres humanos entre si. A esse respeito, é fascinante observar que os elementos formadores que o DNA usa para produzir as proteínas humanas são os aminoácidos, dos quais 22 são básicos e funcionam ativamente nas células humanas. Isso pode revelar uma ligação anteriormente desconhecida entre os 22 Arcanos Maiores do tarô, as 22 letras do alfabeto hebraico e os 22 "componentes" da criança interior celular.

A Escada em Caracol também pode simbolizar a energia e o poder serpentinos da kundalini, que, ao que se diz, estão enrodilhados como uma cobra no chakra da raiz de todas as pessoas, prontos para serem liberados e proporcionarem iluminação ao indivíduo no momento da iniciação espiritual. Em última análise, essa escada é o desdobramento passo a passo de nossa vida neste planeta. Ela pode representar a evolução de nossos eus reencarnados ou o progresso em cada ano de uma única vida.

Na nossa versão, a Escada em Caracol tem 22 degraus. Essa tiragem se destina ao intérprete que esteja ansioso para ver os primeiros 22 anos da vida de uma criança. Cada carta representa um ano. Outra forma de utilizar essa disposição é dividi-la em três sequências de sete, que culminam com uma carta que sintetiza toda a leitura. Dessa forma, as primeiras sete cartas significam a evolução física da criança, as sete segundas representam seu crescimento emocional e as sete terceiras relacionam-se com seu desenvolvimento mental. A vigésima segunda carta é o zênite ou o pináculo, a vida espiritual que orienta o explorador ao longo do caminho.

Como essa tiragem tem 22 posicionamentos, sua estrutura contém enorme poder. O número 22 também está associado ao 0 (os dois números indicam o começo e o fim dos Arcanos Maiores), ao planeta Urano (que denota revolução, mudança, intuição, avanços importantes), e à capacidade de construir pontes de consciência superior unindo a personalidade e a alma.

Como nas outras disposições, primeiro espalhe as cartas em forma de leque e em seguida escolha 22 cartas de qualquer parte do baralho. Ou, então, use apenas os 22 Arcanos Maiores nessa leitura. Depois de misturar e embaralhar as cartas, coloque um Arcano Maior em cada degrau da escada. Cada carta significa determinadas experiências ou revelações dos 22 primeiros anos de vida. Não se esqueça de anotar essa leitura, principalmente se ela disser respeito a um recém-nascido ou a uma criança pequena que precise de orientação. Talvez você queira jogar a Escada em Caracol com os pais de uma criança, fazendo com que cada um deles escolha 11 cartas para o filho, instaurando, assim, equilíbrio e boa integração na sessão e na experiência.

Coroa
Espiritual

Desenvolvimento
Mental

Evolução
Emocional

Evolução
Física

22

Espiritual/Coroa

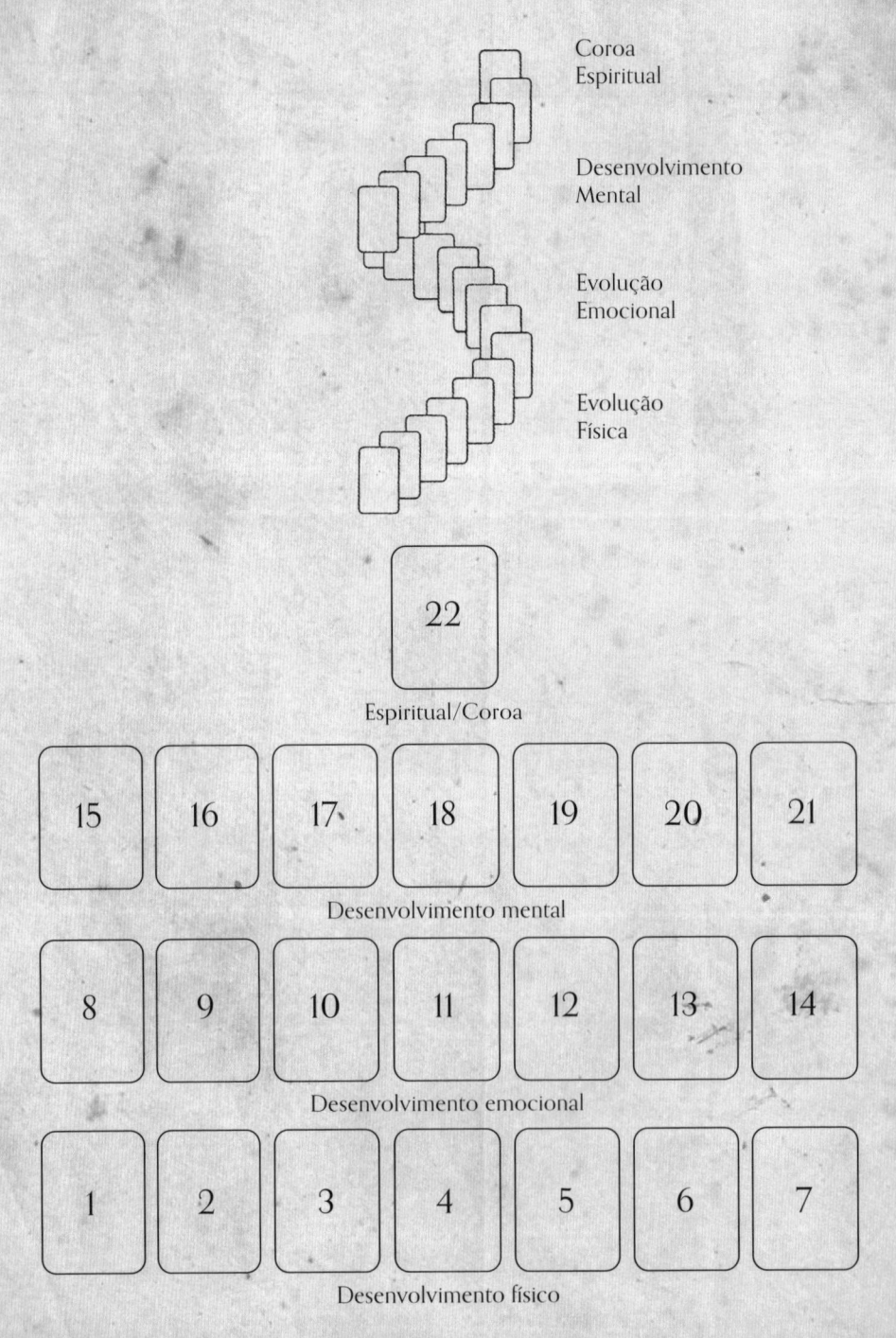

| 15 | 16 | 17 | 18 | 19 | 20 | 21 |

Desenvolvimento mental

| 8 | 9 | 10 | 11 | 12 | 13 | 14 |

Desenvolvimento emocional

| 1 | 2 | 3 | 4 | 5 | 6 | 7 |

Desenvolvimento físico

A Escada em Caracol

II

OS ARCANOS MAIORES

Introdução

Antes de nos voltarmos para as 22 cartas dos Arcanos Maiores, vamos sintetizar o que já aprendemos. O sistema do tarô é uma chave para decifrar os segredos da Sabedoria Atemporal. Cada baralho que é criado reflete a cultura, as imagens planetárias, as leis e os princípios do seu tempo. Há arquétipos ocultos no inconsciente coletivo da humanidade que podem ser tornados visíveis e manifestos como a sequência formada pelos 22 Arcanos Maiores, ou como as estações da Estrada Régia da existência espiritual. Uma das facetas mais importantes do discípulo do conhecimento superior ou esotérico é a capacidade de se manter no caminho do seu destino individual. Cada um de nós tem na vida um objetivo especial que se revela com o passar do tempo. As cartas Maiores, usadas com sabedoria e inspiração, ajudam a revelar o significado desse objetivo e cada um dos passos desse processo de evolução. *O Tarô da Criança Interior* dá vida às aventuras mágicas da criança interior, permitindo-nos recuperar a inocência perdida, a pureza, a alegria, o deslumbramento e o amor da criança em espírito.

Como foi mencionado, alguns contos de fadas e fábulas infantis são os arquétipos em que se embasam os Arcanos Maiores. Esses contos "contam a história" das cartas de um modo todo seu. Quando focalizamos a atenção diretamente nas cartas Maiores e começamos a entrelaçar as imagens e os significados, várias ideias se fixam. Os Arcanos Maiores não são apenas um caminho da vida humana, mas significam também o processo de morte e renascimento nos planos espirituais. Os Arcanos Maiores revelam a trilha das realizações individuais, as lições que nos reservam os relacionamentos íntimos e as amizades, e os desafios e oportunidades que nos aguardam quando nos devotamos a uma existência espiritual.

Surge, então, uma pergunta relativa ao número de Arcanos Maiores: por que 22? Como não sabemos exatamente quando o tarô teve origem e quem inventou o sistema, as ideias expostas a seguir não podem senão indicar-nos o rumo certo. Quando olhamos o cosmos e o sistema solar, reconhecemos oito planetas, O Sol e a Lua, e doze signos do zodíaco. A soma de todos eles nos dá 22 influências celestes – uma para cada Arcano Maior. Muitos pesquisadores associaram o alfabeto pictórico hebraico de 22 letras às cartas Maiores do tarô. Existe, sem sombra de dúvida, uma forte ligação entre essas antigas letras e os símbolos ou arquétipos das 22 cartas Maiores.

Se quiser, investigue duas outras áreas nas quais o número 22 encontra expressão dinâmica (1) o livro do Apocalipse, que encerra o Novo Testamento da Bíblia, tem 22 capítulos; e (2) as proteínas humanas criadas pelos genes do DNA são compostas por 22 elementos formadores (os aminoácidos). Assim, o misterioso poder do número 22 existe no mundo da astrologia, da literatura, da religião e da ciência. Nas escolas de pensamento da numerologia, o 22 é considerado uma "vibração mestre", um número que atua como uma espécie de ponte entre os reinos humano e espiritual. É exatamente assim que, engenhosamente, funcionam as 22 cartas dos Arcanos Maiores.

Também é importante entender que as 22 cartas representam um círculo ou uma espiral de números. Tente distanciar-se da perspectiva ocidental antiquada, que vê 22 cartas ou número de modo linear. Chapeuzinho Vermelho (O Louco, 0, na jornada da vida, o louco santo de Deus, o ovo, o círculo da totalidade) representa a criança interior que vai passar por todas as 22 aventuras da vida humana, finalizando com a experiência retratada na vigésima primeira carta, A Criança Terra, a criança no ventre cósmico à espera do renascimento. O fato de Chapeuzinho Vermelho aparecer no começo da lista e a Criança Terra no seu final não passa de uma ilusão. Elas estão unidas, e completam o círculo de 22 cartas. Outros estudiosos do tarô, inclusive P. D. Ouspensky, observaram o ciclo triplo de sete cartas dos Arcanos Maiores, onde sobra uma carta (O Louco, 0). Pode ser uma referência aos períodos de crescimento de sete anos – de 1 a 7 anos (físico), de 8 a 14 anos (emocional) e de 15 a 21 anos (mental) – sendo a idade de 22 anos uma espécie de cume da pirâmide humana, representando o início da jornada espiritual da vida.[3]

A tabela a seguir pode ajudar a destacar as ligações especiais entre os Arcanos Maiores em geral e alguns deles em particular. Tenha em mente que sempre há elos numerológicos. As cartas II, XI e XX estão associadas devido à sua identificação com a qualidade e a essência do número 2. As cartas III, XII e XXI têm uma conexão devido à sua ligação com o número 3, e assim por diante. Há outros paralelismos baseados nas imagens dos contos de fadas. Por exemplo, Chapeuzinho Vermelho, O Lobo Mau e os Três Porquinhos estão associados por causa da presença do lobo. Se duas ou três dessas cartas surgirem em uma leitura, o significado do lobo precisa ser cuidadosamente estudado. As cartas Mamãe Ganso e João e o Pé de Feijão estão associadas porque o ganso e a galinha põem ovos de ouro. As cartas A Fada Madrinha e Cinderela fazem parte da mesma história. Você vai encontrar muitas outras combinações incomuns à medida que trabalhar com o baralho.

OS ARCANOS MAIORES

Nº	Nome da Carta	Regente astrológico	Ideia fundamental
0	Chapeuzinho Vermelho	Urano	A Criança Interior
I	Aladim e a Lâmpada Mágica	Mercúrio	A Criança Criativa
II	A Fada Madrinha	Lua	O Guardião da Sabedoria
III	Mamãe Ganso	Vênus	A Mãe
IV	As Roupas Novas do Imperador	Áries	O Pai
V	O Mago	Touro	O Iniciador
VI	João e Maria	Gêmeos	União Física
VII	Peter Pan	Câncer	União Emocional
VIII	A Bela e a Fera	Leão	União Mental
IX	Branca de Neve	Virgem	União Espiritual
X	Alice no País das Maravilhas	Júpiter	A Roda da Vida
XI	O Toque de Midas	Libra	Equilíbrio Cósmico
XII	João e o Pé de Feijão	Netuno	Sacrifício
XIII	A Bela Adormecida	Escorpião	Morte/Sono
XIV	O Anjo da Guarda	Sagitário	Proteção (Eu Superior)
XV	O Lobo Mau	Capricórnio	Eu Sombra
XVI	Rapunzel	Marte	Expiação
XVII	Estrela dos Desejos	Aquário	Alma Interior
XVIII	Cinderela	Peixes	Sonhos/Visões
XIX	A Estrada de Tijolos Amarelos	Sol	Eu Cósmico
XX	Os Três Porquinhos	Plutão	Chamado ao Renascimento
XXI	A Criança Terra	Saturno	A Criança em Gestação

Os conceitos sucintos da coluna da direita foram fornecidos para sugerir uma forma de considerar os Arcanos Maiores. Chapeuzinho Vermelho (0) representa o espírito infantil que irá passar por várias lições pessoais e de relacionamento nos estágios I a 9, culminando com a união espiritual e a vida de prestação de serviços à humanidade de Branca de Neve (IX), o que nos leva a Alice no País das Maravilhas (X) ou ao giro da roda da vida, ao karma, aos altos e baixos, à reencarnação. Em O Toque de Midas (XI) e João e o Pé de Feijão (XII), a criança ou a alma que busca começa os preparativos para o sono conhecido como morte, em A Bela Adormecida (XIII). As cartas XIV a XIX referem-se a várias experiências e aventuras espirituais com que a alma humana defronta no pós-vida. Vem, em seguida, o "chamado ao renascimento", ou julgamento, ou volta à vida terrena, com Os Três Porquinhos (XX). Finalmente, A Criança Terra (XXI) revela a alma humana como embrião, sendo gerada no ventre do sistema solar, pronta e ansiosa por começar um novo ciclo de vida como O Louco (0, Chapeuzinho Vermelho).

Chapeuzinho Vermelho também é o espírito infantil que constrói uma ponte entre os Arcanos Menores e as cartas da corte tradicionais. Se os Arcanos Maiores simbolizam o caminho de 22 passos da iluminação humana, as 56 cartas dos Arcanos Menores representam os quatro mundos da vida (o mundo físico, o emocional, o mental e o espiritual) e as conquistas ou patamares superiores desses reinos (16 personagens da corte). O aparecimento de Chapeuzinho Vermelho ao lado de qualquer outra carta de uma disposição é um lembrete para interiorizar e estudar a fundo todas as imagens surgidas. Em Chapeuzinho Vermelho, esconde-se o raio celeste, o despertar súbito, o trovão do divino poder e da iluminação.

CHAPEUZINHO VERMELHO

0
Chapeuzinho Vermelho

O clássico conto de fadas "Chapeuzinho Vermelho" é a história da inocência, da curiosidade e da animação da infância no início da jornada, da tentação e dos primeiros estágios da conquista da individualidade. Enviada à casa da avó pela mãe, Chapeuzinho Vermelho recebe uma cesta de guloseimas e instruções para não sair do caminho e evitar os perigos dos bosques. Como uma criança ingênua e destemida, ela tem curiosidade sobre o mundo, está aberta e não faz ideia das forças sombrias que podem estar dispostas a desviá-la do seu curso e para longe do seu destino.

Na estrada que leva à casa da Vovó, Chapeuzinho Vermelho encontra o Lobo Mau, a quem fala sobre seu trajeto, ignorando os conselhos da mãe. O lobo incentiva-a a ir ao bosque, o que ela faz, colhendo flores para a avó. Nesse meio-tempo, o lobo vai até a cabana da avó, devora a velhinha e fica à espera de Chapeuzinho Vermelho. Perto do fim da história, Chapeuzinho entra na casa e também é comida pelo lobo, que fingia ser a avó. Enquanto o lobo descansa depois dessa refeição, entra na cabana um lenhador que abre o estômago do lobo e liberta Chapeuzinho Vermelho e a avó. Na realidade, elas renascem, e em seu lugar são colocadas pedras no estômago do lobo, que acabam causando-lhe a morte. Em outras versões da história, Chapeuzinho Vermelho encontra o lobo uma série de vezes e aprende a ser mais esperta do que ele.

Chapeuzinho Vermelho deve seu nome ao capuz de veludo vermelho que a avó lhe fez quando era bem pequena. Ela gostava tanto dele que o usava constantemente, e todos a chamavam de Chapeuzinho Vermelho. Como o vermelho é a cor que representa a vontade e o fogo, o capuz vermelho simboliza, na carta, o estágio inicial da aventura espiritual e do poder mental. Nos baralhos de tarô tradicionais, essa é a carta O Louco, muitas vezes figurada por um bufão que usa um capuz ou chapéu especial, que significa a presença da consciência divina.

O lobo à espreita no bosque representa o aspecto escuro, não integrado da consciência, e a tentação de desviar-se do caminho superior da vida. Significa as tendências antissociais que abrigamos e que reaparecem sob vários disfarces - a bruxa malvada, a rainha perversa, o gigante temível - do princípio ao fim dos Arcanos Maiores. Na filha, mãe e avó, vemos uma expressão da antiga Deusa Tríplice - virgem, mãe e anciã.

De modo geral, essa carta também é uma soma de todos os Arcanos Maiores, porque Chapeuzinho Vermelho representa a criança interior espiritual, em viagem pela estrada iluminada da consciência superior. Ela é enviada pela Mãe Terra e seu destino é se reencontrar com a Avó da Sabedoria Universal. No caminho, é tentada pelas fantasias da vida e aprende com seus erros e fracassos. O lenhador que possibilita o renascimento de Chapeuzinho Vermelho e da avó simboliza a humanidade que libera a alma individual e permite-lhe juntar-se à hierarquia espiritual do planeta.

Quando essa carta aparecer em uma leitura, fique preparado para a aventura. Abra-se ao vasto horizonte do desconhecido e esteja disposto a correr riscos. Ultrapasse os limites impostos pelos padrões culturais.

É possível que você se sinta temporariamente perdido, no escuro, como se a falta de sentido o atraísse para o vácuo. Entre e renasça. Veja a vida como um jogo, uma oportunidade de jogar. A experiência do Louco ocorre com frequência nas épocas de grande mudança interior. Vestir a máscara do Louco e seguir a estrada que leva ao desconhecido é tanto um ato de coragem como de humildade. No final, por meio do processo de renascimento, podem vir à tona o seu gênio e a sua intuição. Lembre-se de vestir roupas claras. Divirta-se. Deixe que a magia e a alegria do riso preencham seus dias. Sinta como você está totalmente rodeado pela maravilha da vida.

Arquétipo do tarô tradicional: O Louco
Planeta regente: Urano

ALADIM E A
LÂMPADA MÁGICA

I
Aladim e a
Lâmpada Mágica

A história de "Aladim e a Lâmpada Mágica" descreve a primeira aventura de uma criança no mundo de conquista do poder mental. No conto, Aladim é enviado por um feiticeiro a um jardim subterrâneo para buscar uma velha lâmpada. Ele recebe um anel mágico para ajudá-lo durante a jornada. Aladim encontra a lâmpada, mas não consegue sair do jardim. Por acaso, esfrega o anel e aparece um gênio, que lhe dá o direito de fazer vários pedidos. Como quer ir para casa, esse é o desejo que o garoto formula, e imediatamente volta à casa da mãe. A mãe pega a lâmpada para vendê-la, a fim de comprar alimentos, e quando esfrega a lâmpada aparece um gênio maior. Assim começa a espantosa odisseia de Aladim, um gênio todo-poderoso, uma lâmpada mágica e a busca da iluminação pelo caminho do bem e do mal. No final da história, Aladim está casado com uma princesa e - usando astúcia e engenhosidade - aprende a levar a melhor sobre o feiticeiro, que havia tentado roubar a lâmpada para servir a seus propósitos sinistros.

Essencialmente, a lâmpada mágica é um símbolo da mente iluminada, cuja luz é intensificada por um gênio, representando os poderes do mundo espiritual e o potencial "de gênio" presente em toda criança. A palavra *gênio* vem do latim e significa, literalmente, "ser habitado por um gênio ou *djim*". A lâmpada mágica também sugere força estimulante da imaginação da criança. Esse aspecto da mente transforma-se no cenário dos contos de fadas, mitos e linguagens das antigas culturas. *Imaginação* traz em si as palavras *imagem* e *magia* – esta última derivada do persa antigo, com o significado de "vidente" ou "mago".

Aladim simboliza todas as crianças que se empenham em aprender a magia das palavras, dos desejos, da língua e da comunicação com o mundo externo. Observe-se que o gênio, que na história vivia anteriormente dentro da lâmpada em um jardim "subterrâneo", representa a manifestação interior da força vital inconsciente da criança. Fazendo com que o gênio obedeça a seus desejos, a criança descobre as ligações mágicas entre pensamentos, palavras, atos e resultados.

O gênio também pode ser considerado o anjo da guarda da mente pura, infantil, uma presença que busca levar a criança ao autocontrole e à percepção do ego. Essa percepção constitui a base sobre a qual a criança aprende a executar, criar e manifestar externamente os comandos da mente ou do inconsciente iluminados pelo espírito (o gênio e a lâmpada). Na carta, o menino olha para a lâmpada, uma espada, um bastão e um altar de cristais, significando as quatro forças elementais da natureza – água, ar, fogo e terra – que usará como ferramentas para conduzi-lo pelo caminho da autorrealização. A estante de livros atrás dele indica a presença de Mercúrio, o mensageiro alado dos deuses.

Quando essa carta aparecer em uma leitura, entenda que você cria sua própria realidade a partir de todos os pensamentos, palavras e atos. Em vez de pensar analiticamente, explore seu gênio criativo. Reconheça a força das afirmações e a necessidade de se proteger de pensamentos negativos na atmosfera psíquica. Lembre-se de que "dar nome" a objetos e pessoas é um ato mágico. Todos os nomes são compostos por letras, e cada letra traz consigo uma vibração numérica e espiritual. Os *abracadabra* e *abre-te sésamo* das histórias infantis reacendem a magia das palavras usadas como mantras de poder ou expressões de encantamento. Tenha em mente que, uma vez que o gênio esteja "fora da garrafa", sempre existe algum perigo de mau uso do poder. No entanto, esse perigo pode ser transformado em uma grande aventura de expansão da consciência e da mente. Deixe que a luz da inocência e da imaginação reacendam sua paixão pelo aprendizado.

Arquétipo do tarô tradicional: O Mago
Planeta regente: Mercúrio

II
A Fada
Madrinha

A Sacerdotisa é para o tarô tradicional o que a Fada Madrinha é para *O Tarô da Criança Interior*. Apesar de não ser a personagem principal da história original "Cinderela", dos Irmãos Grimm, a Fada Madrinha tem exercido uma grande influência na nossa percepção interior dos ajudantes mágicos devido à adaptação que Walt Disney fez dessa história.

Em várias baladas populares, a Fada Rainha é tratada por "Rainha do Céu". As fadas galesas eram conhecidas como "as mães" ou "a bênção da mãe". Os camponeses as chamavam de "madrinhas" ou "boas senhoras". Diziam que uma fada era capaz de transformar um ser humano em um animal ou em uma pedra e fazê-lo voltar à forma anterior. Em "Cinderela" é esse tipo de encantamento que ocorre: os animais foram transformados em ajudantes humanos até o encanto se quebrar à meia-noite. Na "Cinderela" original, a aveleira – que floresceu de um galho no túmulo da verdadeira mãe de Cinderela – é a mãe renascida ou o ajudante mágico de Cinderela.

A lenda do ramo de aveleira, de acordo com os Irmãos Grimm, conta que a Mãe de Deus sai em busca de morangos nos bosques para alimentar o Cristo Criança. Quando ela se abaixa, uma víbora surge na relva. A Mãe de Deus foge para uma aveleira e se esconde atrás dela. A víbora vai embora. Desde então, os ramos de aveleira passaram a ser uma proteção contra criaturas perigosas. A aveleira representa a força vital mais primitiva, incapaz de ser destruída. É a força protetora que pode ser plantada e criar raízes em toda alma humana.

Temos a nossa sacerdotisa ou fada madrinha no nosso íntimo. Nós a reverenciamos no mais profundo da nossa psique. Ela se transforma na nossa sabedoria quando adquirimos fé no espírito da nossa eterna e inegável proteção no universo. No antigo tarô, a Suma Sacerdotisa é a mestra dos mistérios, a Papisa que detém a chave dos portões do nosso santuário interior – a sabedoria, a intuição e a devota reverência, que são inatas em nós por toda a vida. No antigo Egito, ela era conhecida como Ísis, e estava fortemente associada aos ritmos e ciclos da Lua.

A Fada Madrinha é uma feiticeira, uma mãe santa e sagrada dos antigos mistérios. Ela se insinua no que pensamos não saber ou no que pensamos não dever ou não ousar expressar. Ela nos oferece a sabedoria inata da crença – seja em milagres, em magia, seja na nossa divina inteligência. Ela nos oferece dádivas do espírito: as dádivas da orientação interior e do amor universal.

Quando essa carta aparecer em uma leitura, sua mente superior saberá a resposta. Ouça sua intuição. Cultive sua fé. Seja compassivo com as crianças do mundo e com aquelas que carecem de força espiritual. O número 2 é o equilíbrio entre os reinos espiritual e físico. Também é o equilíbrio entre o caminho interior e a via externa. Dois é um número carregado de emoção e profundamente sensível. Duas destacadas fadas madrinhas – em *O Mágico de Oz* e em "Cinderela" – aparecem em momentos de necessidade, momentos de crise. A Fada Madrinha lembra a você a jornada pela frente e a necessidade de perseverar, de fazer seu trabalho de introspecção.

Obs.: *Há um elo íntimo e relevante entre a carta A Fada Madrinha (II) e a carta Cinderela (XVIII). Elas não só fazem parte da mesma história, mas também a carta Cinderela era tradicionalmente chamada A Lua, e a Lua é o corpo planetário associado à carta A Fada Madrinha.*

Arquétipo do tarô tradicional: A Sacerdotisa
Planeta regente: a Lua

III

Mamãe Ganso

Há uma nítida ligação entre o antigo mistério egípcio do ovo de ouro e a nossa Imperatriz de conto de fadas, Mamãe Ganso. Muitos elos também podem ser encontrados entre a Gansa que punha os ovos de ouro e a grande mãe do antigo Egito. Mamãe Ganso tem um chapéu pontudo - como uma coroa egípcia. Essa história teve origem no antigo Egito, onde ela era Mãe Hator, encarnada na Gansa do Nilo. Ela punha o ovo de ouro do Sol, outra maneira de dizer que ela dava à luz Rá, o Deus Sol. O disco solar às vezes era chamado de ovo de gansa. A Gansa do Nilo também era mencionada como a criadora do mundo, porque gerou todo o Universo no ovo primordial do mundo.

Vênus, regente planetário da Imperatriz tradicional e de Mamãe Ganso, era representado nos tempos antigos como uma vaca, ou, na versão masculina, Touro, o signo regido por Vênus. Muitas vezes a deusa Vênus era tratada como "A Grande Vaca que deu à luz o Sol". Orfeu disse que a grande deusa Escuridão, ou Mãe Noite, foi quem deu origem ao ovo-mundo identificado como a Lua. Isso confere um sentido mais profundo ao verso infantil: "a vaca pulou sobre a Lua".

Mamãe Ganso é uma personificação da Mãe Terra, oferecendo a abundância de vida a todos os seres humanos. No antigo Egito, o símbolo do ovo-mundo era igual ao do embrião no ventre de uma mulher. Mamãe Ganso nos traz poemas e charadas, e os segredos musicais, bem-humorados e profundos que vivem no coração da criança. Em certo sentido, ela é a "parteira" da nossa consciência mental essencial (a luz irradiante do Sol) e dos nossos sentimentos e emoções (a luz refletida pela Lua). Mamãe Ganso, como a Imperatriz de *O Tarô da Criança Interior*, nos oferece a unidade com o mundo todo e com todos os reinos da natureza. Ela incentiva nosso amor pelas flores, pelas ervas, pelas árvores, pelos pássaros, pelos animais, pelas rochas, pelas pedras preciosas e pelo próprio solo. Quando estamos identificados com ela, estamos identificados com a força vital do cosmos.

Quando essa carta aparecer em uma leitura, abra-se ao potencial de nascimento dentro de você. O ovo primordial está se rompendo. Vida nova e novos começos estão se concretizando. Preste atenção nas pistas sobre o futuro contidas em seus sonhos. Sinta a abundância da vida no seu coração. Viva a alegria do toque sensual. Deixe que os poderes de cura do reino vegetal operem sua magia na sua mente e no seu corpo etérico ou energético. Entenda que cada chakra ou centro do corpo etérico é como um ovo à espera de romper-se e revelar seu esplendor espiritual. Mamãe Ganso é a provedora de realizações em profusão. Ela oferece a você um ovo, e dentro dele está a totalidade do seu universo.

Obs.: *Por causa da galinha dos ovos de ouro na história "João e o Pé de Feijão", há uma ligação especial entre os Arcanos III e XII. Além disso, numerologicamente, o número 12 dessa décima segunda carta dos Arcanos Maiores reduz-se ao número 3.*

Arquétipo do tarô tradicional: A Imperatriz
Planeta regente: Vênus

IV
As Roupas Novas
do Imperador

O Imperador constrói e edifica (qualidades associadas ao número 4) movido pelo desejo de conquistar o poder terreno. Esse desejo é um componente comum a todos nós, e precisa ser complementado pela bênção criadora da Imperatriz. A colheita da vida é concretizada em concordância com as leis naturais – e não com as leis feitas pelo homem, leis oportunistas e políticas do reino do Imperador.

Essa carta indica um perigo, caso O Imperador tenha perdido o contato com a presença nutriz de Mamãe Ganso (A Imperatriz). É sempre a Deusa Mãe quem traz equilíbrio, paz e beleza ao Imperador no seu trono, que representa o poder do mundo material e os recursos acumulados vindos dos quatro cantos do globo.

Quando O Imperador se torna ganancioso, inconsciente do que o cerca, cego pela loucura do seu autocentrismo, ele passa a ser uma representação perigosamente insensata da humanidade. A fábula "As Roupas Novas do Imperador" é um exemplo primitivo dessa insensatez. O Imperador, ou Pai da Terra, é visto sem as suas roupas novas – simbolizando o mundo material – porque ele perdeu o contato com a realidade, graças a dois astuciosos alfaiates, ávidos por abocanhar fraudulentamente grandes quantias em dinheiro dos cofres do Imperador.

Uma criança com sabedoria, pureza de coração e inocência aponta o Imperador e desperta as pessoas para o grosseiro simulacro e o constrangimento causado pela situação. A criança representa o aspecto incondicional da alma, que continua a respeitar a verdade e a ordem de acordo com a natureza.

Quando O Imperador está em harmonia com A Imperatriz, existe a possibilidade de ligar à terra o poder cósmico e a mais elevada espiritualidade, pois os opostos polares macho e fêmea estão equilibrados e trabalham em cooperação. As duas polaridades estão vivas em cada um de nós. Valorizá-las e respeitá-las está de acordo com o lado divino da humanidade. Isso não aconteceu durante os últimos dois ou três mil anos.

É importante observar que A Imperatriz, Mamãe Ganso, precede O Imperador na jornada de autorrealização de O Louco na sequência dos Arcanos Maiores. Nas civilizações asiáticas primitivas, a escolha do rei dependia das mulheres. O casamento com a representação terrena da Deusa, sob a forma de uma rainha, era essencial para quem fosse ocupar o cargo de rei. Este era o significado original do "casamento sagrado". Um casamento interior com a energia feminina receptiva (número 3, espiral da Terra) é necessário para que o lado masculino organizado (número 4, o poder de construção) crie no Universo a lei baseada na sabedoria e no amor.

Quando essa carta aparecer em uma leitura, entenda que construímos sobre a base do passado. Caminhamos para o futuro graças à sabedoria que adquirimos. A Imperatriz é a sabedoria da vida; O Imperador é a aplicação dessa sabedoria com a finalidade de criar um mundo melhor. O Imperador significa as limitações do tempo e os reinos da ordem e da lei mecânica. Ele pode significar cegueira, comportamento insensato e tendências autodestrutivas, ou o repentino despertar para a unidade, a graça e os tesouros espirituais encerrados no mundo material.

Obs.: *Há uma ligação direta entre O Imperador (IV) e o rei de "A Bela Adormecida" (XIII), que insensatamente se esquece de convidar a décima terceira fada, ou Fada Sombria, para a festa de sua filha. Esse elo entre as cartas também se evidencia porque o número 13 da carta A Bela Adormecida se reduz numerologicamente a 4, o número da carta O Imperador.*

Arquétipo do tarô tradicional: O Imperador
Regente zodiacal: Áries

O MAGO

V
O Mago

Nos baralhos tradicionais de tarô, a quinta carta dos Arcanos Maiores é conhecida como O Papa, muitas vezes visto como um dirigente eclesiástico relativamente rígido, uma figura fria que representa o esteio dos ensinamentos cristãos no nosso planeta. Ele possui as misteriosas chaves do céu e da Terra. No século XX, alguns desenhistas de baralhos de tarô mudaram o nome dessa figura para O Hierofante, em uma alusão aos altos sacerdotes do Egito e de outras antigas culturas que eram específica e rigorosamente treinados como iniciadores de discípulos do caminho espiritual. Muitos autores esotéricos chamaram a atenção para um misterioso hierofante que iniciou neófitos na Grande Pirâmide há milhares de anos. Platão e até Jesus, segundo alguns relatos, teriam passado por essa experiência mágica.

Em *O Tarô da Criança Interior*, esse arquétipo passou a ser O Mago, que, além de iniciador e hierofante, é também um mestre amável, sensível e compassivo. Podemos associar várias imagens de nossa infância a essa figura. Há o Mágico de Oz, o impostor que se esconde atrás de uma cortina. Há o feiticeiro em cujas câmaras Mickey Mouse trabalha em *Fantasia*, de Walt Disney. E, naturalmente, há Merlin, o guia e mestre espiritual do jovem Rei Artur.

No entanto, a figura que melhor exemplifica as qualidades do mago desse baralho é o Mago Gandalf, do épico de J. R. R. Tolkien, *O Senhor dos Anéis*, a trilogia formada por *A Sociedade do Anel*, *As Duas Torres* e *O Retorno do Rei*. Essa trilogia tem emocionado crianças e adultos há várias décadas. É uma história totalmente mágica e hipnotizante que nos introduz aos habitantes da terra do meio: duendes, anões, elfos, ents (seres das árvores), os Nove Nazgul ou Cavaleiros Negros, os Orc (elfos corrompidos com aparência demoníaca), os palantiri (bolas de cristal ou pedras para ver a distância), serpentes, monstros etc., o Mago Gandalf, o senhor das trevas Sauron, e muitos outros. Embora o enredo completo seja longo e complexo demais para ser resumido aqui, a história principal gira em torno da necessidade de destruir Um Anel capaz de, insidiosamente, controlar seu dono e que também exerce poder sobre outros anéis criados para manter anões, humanos e elfos sob o encanto de Sauro. Frodo, o duende bem-amado, torna-se o principal portador do anel, e, com seus muitos companheiros, forma uma fraternidade para levar o Anel de volta à terra das sombras de Mordor, onde ele pode ser destruído, eliminando o poder malévolo do Anel sobre a vida na terra do meio.

Gandalf, com seu cajado da sabedoria, a espada Glamdring e o cavalo Shadowfax, desempenha o papel do feiticeiro, do mago, do mestre espiritual e do guardião de Frodo e dos duendes. Representa, também, a derrota e a nêmesis de Sauron. Gandalf, como emissário da consciência divina que enche de luz a terra do meio, adverte Frodo – emblemático do espírito da criança na jornada da vida – contra o poder nefando contido no Anel Único. Diz a Frodo como o anel é capaz de corromper e tentar seu portador, e acabar por perverter sua personalidade, levando-o a tornar-se veículo e instrumento de Sauron, o senhor das trevas.

A relação entre Frodo e Gandalf é um exemplo claro da moderna ligação entre aluno e mestre, entre a criança e o adulto sábio. Uma das principais lições que Frodo aprende é que o verdadeiro poder espiritual não está no Anel Único, mas no círculo da fraternidade – o círculo de amigos, entes queridos e companheiros da jornada de vida. Dessa forma, *O Senhor dos Anéis* fala do significado mais elevado da "consciência de grupo" e da beleza da vida comunitária, no que poderia ser uma Nova Era assomando no horizonte da humanidade.

Quando essa carta aparece em uma leitura, entra em cena um mestre espiritual. Quem está inspirando você neste momento? Existe um novo campo de estudos a ser explorado? Considere as áreas da música, da arte, da literatura, da filosofia, da religião, da história e da natureza como vias para o conhecimento superior. Construa uma ponte entre a criança interior, em busca de respostas, e o Eu Superior que continuamente oferece joias de iluminação por meio de sonhos, visões, incitações e relances de intuição. Quando ocorrerem avanços súbitos e a inspiração inundar sua mente, fique preparado e disposto a divulgar a sabedoria recém-descoberta. Evite a tentação de reter rigidamente as revelações. Passe ao largo da vontade de controlar os outros em seu próprio interesse. Sobretudo, com suas habilidades de visualização (baseadas no desenvolvimento do terceiro olho, ou centro *ajna*), veja sua vida ligada a uma fraternidade de pessoas de mentalidade semelhante, o seu verdadeiro anel do poder no mundo.

Arquétipo do tarô tradicional: O Hierofante
Regente zodiacal: Touro

VI
João e Maria

No tarô tradicional, essa carta sempre foi retratada como Os Enamorados. Ela transmite a mensagem da necessidade de confiança e lealdade nos relacionamentos sólidos. Em um plano mais elevado, simboliza o equilíbrio entre o amor físico e espiritual. A história de "João e Maria" nos permite ver uma forma rudimentar de amor divino operando na aventura do devotado casal de irmãos.

Na história, um pobre lenhador mora com a mulher e dois filhos. A esposa, madrasta das crianças, é muito cruel com elas. Para sobreviver, pois há escassez de alimentos, a madrasta convence o marido a abandonar os filhos em uma floresta. Revelam-se, aí, a falta de força de vontade dele e os desejos egoístas dela. As crianças são levadas ao bosque – o mundo desconhecido, inexplorado – e deixadas à própria sorte. O luar (a sabedoria superior receptiva e feminina) desempenha um papel significativo, servindo para orientar João e Maria. Dois pássaros brancos também lhes servem de guia. Primeiro, uma pomba leva-os a uma casa de doces (desejo pessoal, ânsias, fixação oral, segurança material, início da percepção da sexualidade). Depois, um pato branco os ajuda a atravessar a água (segurança emocional), servindo de ponte para levá-los a um novo patamar de amor e percepção.

João e Maria precisam trabalhar juntos em harmonia, com confiança mútua implícita. Ao encontrar a casa de doces, acreditam ter encontrado o céu, pois há muito vinham sofrendo pela falta de comida. João mordisca o teto (a cabeça, o espírito) e Maria, a janela (a alma). Os dois ficam bem alimentados e engordam, e a bruxa que mora ali leva-os para duas pequenas camas. Ao despertar, eles descobrem que são prisioneiros.

Nos escritos religiosos, a pomba aparece muitas vezes como imagem do Espírito Santo. Nos contos de fadas, as forças espirituais puras, ainda não maculadas pelos sentidos, também são simbolizadas pela pomba ou por outro pássaro branco. A velha bruxa deformada, simbolizando o intelecto, não enxerga a verdadeira natureza e crescimento do eterno no ser humano. Em última análise, ela destrói a si mesma quando tenta vencer Maria em astúcia. É a menina, ao contrário, que engana a bruxa, empurrando-a de cabeça no fogo do seu grande forno. A bruxa, cujo desejo era devorar as crianças, significa as regiões escuras da consciência que precisam ser reconhecidas e purificadas pelo fogo.

A essa altura, as crianças estão libertas. Maria (a alma) salvou João (o espírito). Unidos, irmão e irmã voltam para casa. No entanto, para chegar a salvo à casa dos pais, é preciso que eles entrem em um novo estado de consciência. O solo já não é capaz de sustentá-los. É preciso que eles prossigam pela água, a corrente de vida fluente, nas asas do espírito (o pato branco). No plano mais elevado, uma vez que o espírito se livra das ciladas do mundo sensorial (a casa de doces, o amor carnal), ele começa a relembrar o verdadeiro lar onde se originou (o amor eterno).

Quando essa carta aparece em uma leitura, pode estar em curso uma profunda iniciação ou união espiritual. Entenda que toda pessoa tem uma proporção feminino/masculino e que agora é o momento de você instaurar o equilíbrio entre esses dois componentes interiores. João é um símbolo do *animus* – o vento, o espírito, a energia masculina. Maria significa a *anima* – a alma, a energia alimentadora e feminina. Juntos, de mãos dadas, a ligação entre eles indica uma forma preliminar de casamento divino. Medite sobre a beleza dessas duas crianças que se inspiram reciprocamente, e lembre-se de que elas refletem o amor perdido dos pais, que os rigores da vida desgastaram. O abraço espiritual, o toque romântico, a contemplação que parte do coração pode permitir a você experimentar outra vez as riquezas e maravilhas do mundo.

Arquétipo do tarô tradicional: Os Enamorados
Regente zodiacal: Gêmeos

VII
Peter Pan

Nos ensinamentos mitológicos ou espirituais, o navio é uma representação frequente do veículo da alma, levando a consciência de uma a outra margem. No conto de fadas "Peter Pan", Wendy e seus irmãos, além de aprenderem a voar - a libertação das limitações físicas do tempo e do espaço - aterrissam em uma ilha e encontram um grande navio, comandado pelo Capitão Gancho. O Capitão Gancho e seu bando de piratas simbolizam os elementos caóticos do mundo inferior, nossos medos não domesticados. A Fada Sininho é o espírito elemental que nos habita, a fada deva. Ela é um corpo de luz capaz de fazer encantamentos para o bem ou para o mal, conforme a tendência de seu coração. Wendy e seus irmãos representam a humanidade. Estão acorrentados aos postes e raízes de sua encarnação; contudo, por *acreditarem* em outros mundos, demonstram a capacidade de elevar-se acima das fronteiras do tempo.

Tradicionalmente, o sétimo Arcano Maior é conhecido como O Carro. Esse invento mecânico é visto como um símbolo do corpo, que transporta a mente e o espírito. O condutor representa o eu interior, e os cavalos, a força de vontade divina que precisa ser domesticada. Essa carta pede o equilíbrio entre a vida centrada na Terra e a vida do espírito. As pessoas que estão em contato com seus guias interiores sabem, em vez de assumir a direção, movimentar-se habilmente de acordo com o ambiente – aberto, franqueado à exploração, e revelando, na dança espiralada do dia e da noite, o equilíbrio entre luz e sombra.

Na história de "Peter Pan", esse padrão arquetípico está em ação. As crianças ficam tentadas a permanecer na terra do nunca para sempre, passando a ser eternas crianças, como Peter Pan, sem jamais atingir o estágio de amadurecimento da alma humana. Mas as crianças são símbolos daquela nossa faceta que precisa voltar ao centro, encontrar o caminho de volta para casa, depois de ter vivido todas as aventuras da vida. Em certo sentido, Peter Pan é semelhante aos dois cavalos do carro, simbolizando a vontade elemental que nos leva para a frente, impulsionando-nos a prosseguir para sempre em nossas aventuras, indômitos e sem freios. Em última análise, o objetivo da nossa jornada é encontrar o nosso santuário, a herança da nossa alma. O carro, Peter Pan, Sininho e o grande navio são, todos eles, facetas orientadoras e iluminadoras do nosso eu cósmico.

É preciso lembrar, aqui, de outro conceito. Quando encontramos obstáculos e súbitos desvios e curvas na estrada à nossa frente, é necessário não entrar em *pânico*, palavra que teria origem no grito do grande deus da natureza selvagem, Pan.

Como o corpo celeste Quíron só foi descoberto em 1977, ele ainda não encontrou seu lugar no sistema de 22 Arcanos Maiores. No entanto, esse seria um posicionamento provável para o astro, em alinhamento com O Carro e Peter Pan. Quíron [na grafia inglesa *Chiron*] começa com as mesmas letras que *carro* e *criança* – *Chiron, chariot, child*. Peter Pan significa a criança que se mantém sempre jovem de espírito.

Quando este livro foi escrito, *Quíron* transitava pelo signo de Câncer, pela primeira vez em quase cinquenta anos. Câncer é o signo zodiacal tradicionalmente associado a essa carta. Quíron é frequentemente associado à chave que abre as portas da consciência superior, às qualidades da pessoa independente, do curador ferido e dos ensinamentos da Sabedoria Atemporal. A sublime alegria de Peter Pan e a luz tremeluzente de Sininho estão associadas às qualidades positivas de Quíron, enquanto a presença mais sombria do Capitão Gancho parece alinhar-se com as feridas quiróticas do passado, difíceis de curar. Também é interessante, a esse respeito, lembrar que o capitão tem um gancho no lugar da mão, e que o significado da raiz grega *chiro* é "mão".

Quando essa carta aparecer em uma leitura, siga pela vida com firmeza e faça aflorar seus recursos ocultos. Trilhe o caminho do meio, a via que acaba por transformar-se completamente e conduzi-lo para casa. Mesmo que lutar por segurança e estabilidade na vida cotidiana seja uma atitude sensata, conceda a si mesmo a liberdade de sonhar, fantasiar, aventurar. Faça um passeio de bicicleta, carro ou, ainda, imagine-se em uma canoa, velejando ao pôr do sol, ouvindo as ondas que quebram na praia. Assim que possível, tente passar alguns dias em um lugar bem próximo à natureza e observe como as aves alçam voo, gorjeiam e alimentam seus filhotes. Não hesite em voar para os reinos sublimes da imaginação. Acreditando, você pode, você consegue.

Arquétipo do tarô tradicional: O Carro
Regente zodiacal: Câncer

VIII
A Bela e a Fera

Na versão original deste clássico conto de fadas, Bela vive com o pai, duas irmãs e três irmãos. Ela se sobressai pela amabilidade e sensibilidade, enquanto as irmãs são ambiciosas. A família é muito rica, porém o pai sofre um naufrágio e perde toda a sua riqueza. Bela trabalha nos campos e é muito humilde. O pai ouve dizer que seus tesouros podem ter sido encontrados, e assim aventura-se em uma longa viagem, mas, antes de partir, pergunta às filhas o que desejam. As duas irmãs querem joias valiosas e roupas; Bela pede apenas uma rosa negra. A rosa é a estrela da vida no reino das flores, e o negro representa a beleza interior *invisível*, a beleza oculta da rosa, a beleza oculta da humanidade.

O pai parte, mas não consegue recuperar a fortuna perdida. Em vez disso, chega a um castelo. Todas as portas estão abertas, o fogo crepita na lareira e a mesa está posta. Ele come, descansa e pernoita ali. Na manhã seguinte, levanta-se e vai conhecer o jardim, onde colhe uma rosa. Subitamente, a Fera, um homem com cabeça de leão – simbolizando a rosa negra, ou beleza oculta –, aparece. Fica zangado e diz que perdoará o pai, caso possa ficar com a filha. O pai recebe riquezas da Fera.

Bela visita a Fera no castelo. Vê sua bondade, e continua a observá-lo. É um belo castelo, onde ela participa de magníficos banquetes. Certo dia, descobre uma torre e vê um espelho. O espelho diz: "Com o tempo - no seu coração - você verá a verdade".

Bela começa a ter um sonho recorrente, no qual ela está em um lago e conhece um belo príncipe. Uma velha enrugada lhe diz que ela precisa conhecer a beleza espiritual, e, no coração de Bela, a compaixão pela Fera cresce continuamente.

Um dia o pai de Bela fica doente, e ela vai visitá-lo. A Fera pede-lhe para voltar em três semanas, dizendo: "Sem você, vou morrer". Ela se ausenta por mais tempo do que o combinado e, olhando num espelho, vê a Fera moribunda, à beira de um lago. Naquele momento, percebe que ama a Fera. Volta apressadamente ao castelo e encontra o lago, toma em seus braços a cabeça da Fera e diz que a ama. Suas lágrimas caem sobre a Fera, que desperta; ela, em seguida, vai buscar algo para beber. Vê, então, o príncipe do seu sonho refletido no lago. Ao voltar-se, vê que a Fera se transformou em um belo príncipe.

O príncipe diz a Bela que certa vez veio ao castelo uma mulher feia a quem ele tratou mal. Ela o amaldiçoou, transformando-o em uma fera, e disse que o encantamento só seria quebrado quando alguém conseguisse enxergar a verdadeira beleza interior dele. Bela foi capaz de quebrar o encantamento com seu amor incondicional e autêntico.

A história "A Bela e a Fera" é uma fábula inspiradora, que faz nascer música no coração. Sua lição ou moral, velha como os tempos, é que a beleza está nos olhos de quem vê. No tarô tradicional, essa carta chama-se A Força, e muitas vezes retrata uma bela mulher abrindo a boca de um leão!

Quando essa carta aparecer em uma leitura, aceite a milagrosa dádiva do amor na sua vida, não pelo que você pode ver, mas pelo que sente e sabe que é verdade. O verdadeiro amor está a nosso alcance quando abrimos o espírito aos guias interiores e aos sonhos, e ousamos seguir o coração. O amor muitas vezes aparece disfarçado, como a verdade. Veja além da máscara, além do mundo da personalidade, além da superfície e dos estereótipos. Onde há escuridão, veja a luz. Onde há dor, envie preces e pensamentos de cura. Onde há desarmonia, semeie contentamento e alegria. Deixe que seu calor e sua magnanimidade se expressem aos seres amados, aos amigos, à comunidade em geral, à humanidade como um todo. Quando olhar o espelho da alma, dê graças pela maravilhosa dádiva da vida divina e do amor eterno.

Arquétipo do tarô tradicional: A Força
Regente zodiacal: Leão

IX

Branca
de Neve

O conto de fadas "Branca de Neve e os Sete Anões" abriga uma importante lição relativa à prestação de serviços à humanidade e ao uso da discriminação criteriosa.

Logo antes de Branca de Neve nascer, sua mãe está costurando e pica-se com uma agulha. Enquanto o sangue escorre, ela tem o desejo de ter uma criança com lábios vermelhos como o sangue, pele branca como a neve e cabelos negros como o ébano. Logo Branca de Neve vem ao mundo, porém a mãe morre durante o parto.

A madrasta de Branca de Neve é uma rainha bonita, mas perversa, vaidosa e invejosa. Ao perguntar ao espelho mágico, símbolo da busca da beleza perfeita (um aspecto do signo de Virgem, que rege essa carta), quem é a mais bela da Terra, o espelho responde: "Branca de Neve." A rainha fica tão zangada que dá ordens a um caçador para matar Branca de Neve e trazer-lhe o coração como prova da missão cumprida. O caçador – representando a humanidade, a mortalidade e a humildade – se compadece da menina, deixa-a partir e traz para a madrasta o coração de um animal.

Branca de Neve, aos 7 anos de idade, está sozinha na floresta, à procura de abrigo e proteção. Simbolicamente, ela está fazendo uma peregrinação para a sabedoria. Encontra uma pequena cabana com sete camas e sete tigelas – o número 7 indica uma grande transição espiritual. Quando os anões a encontram, depois do dia de trabalho nas minas de diamante, ela está profundamente adormecida em uma das camas. Na versão original da história, os anões são gnomos. Os gnomos representam a sabedoria da Terra, a luz interior que brilha nas profundezas do nosso planeta. Branca de Neve começa a crescer em sabedoria interior ao tomar conta dos gnomos – limpando a casa e cozinhando para eles.

A rainha má descobre que Branca de Neve continua viva, ao perguntar novamente ao espelho mágico quem é a mais bela da Terra. No decorrer de muitos anos, a madrasta tenta matar Branca de Neve mais três vezes. Da primeira vez, disfarçada como uma vendedora de rendas, a rainha dá a Branca de Neve uma peça, que aperta demasiadamente sua cintura. Ela desmaia – por falta de ar (espírito) – e é encontrada pelos gnomos, que a reanimam. No segundo encontro, a madrasta transforma-se em uma vendedora de pentes. Branca de Neve é mais uma vez ludibriada e compra um pente, envenenando sua cabeça e seu couro cabeludo (identidade ego). Os gnomos mais uma vez a salvam. Na terceira experiência, a madrasta passa por uma velha vendedora de maçãs que ela, secretamente, envenenara. Branca de Neve, ainda carente de discriminação criteriosa, morde uma maçã envenenada e aparentemente cai morta. Na verdade, ela entra em coma profundo, do qual os gnomos são incapazes de tirá-la.

A sabedoria terrena se esgotou, e Branca de Neve está pronta para a sua iniciação final. Ela não pode permanecer para sempre na cabana (escuridão), e assim os gnomos a colocam em um caixão de vidro, onde a luz que atravessa a floresta pode iluminar-lhe o corpo, o coração e a alma. Ela precisa *vir à luz*. Seu serviço interior – o trabalho zeloso prestado aos gnomos, limpando, alimentando, sendo humilde – está concluído. Chega o príncipe. Ele a levanta em seus braços, coloca-a em seu cavalo e, ao transportá-la, o pedaço de maçã envenenada é expulso de sua garganta. Trata-se da limpeza simbólica do chakra da garganta e da reabilitação da sabedoria primitiva de Branca de Neve. Unida a seu *animus* (o príncipe), ela é coroada (sétimo chakra) na totalidade e na luz.

Tradicionalmente, essa carta dos Arcanos Maiores é conhecida como O Eremita, sendo frequentemente retratada como um velho (ou velha) sábio. Por meio da peregrinação e da odisseia de Branca de Neve, aprendemos algo acerca da conquista da totalidade, quando todos os aspectos da vida da alma e da vida da personalidade se fundem e se integram. Viver em condições de isolamento ou separação não traz felicidade nem contentamento. O trabalho ativo que somos chamados a executar na vida é apenas parcialmente físico, emocional e mental. Existe também nosso trabalho de alma, nosso serviço à humanidade, e a oportunidade e o desafio de ser "uma luz para o mundo".

Quando essa carta aparecer em uma leitura, talvez você esteja em um ponto crítico da jornada rumo à iluminação espiritual. Reflita sobre suas recentes viagens, estudos e experiências interpessoais. Seja criterioso na escolha de parceiros de negócios e companhias pessoais. Deixe que sua vida terrena espelhe o anseio de sua alma por prestar serviços à humanidade e a todos os reinos da natureza. Expulse de si os aspectos mesquinhos, vingativos, prejudiciais aos outros. Permita que suas palavras, o amor sincero e a compreensão criem uma luz interior radiante, capaz de curar amigos, parentes e a comunidade em geral.

Arquétipo do tarô tradicional: O Eremita
Regente zodiacal: Virgem

X

Alice no País
das Maravilhas

No começo da festejada história infantil "Alice no País das Maravilhas", Alice está sentada ao lado da irmã, em um dia quente de verão, à beira de um rio. Mais tarde, quando terminam suas aventuras épicas pelo reino dos sonhos e das visões caleidoscópicas, ela volta exatamente ao mesmo ponto da margem do rio. Sua jornada psíquica com o Coelho Branco, A Lebre de Março, Tweedledum e Tweedledee, o Rato e a Lagarta, o Gato de Cheshire, as personagens em forma de cartas de baralho chefiadas pela Rainha de Copas, e outras personagens bizarras, é um ciclo completo, uma dança espiralada da mente, uma odisseia circular. Tudo em "Alice no País das Maravilhas" nos faz voltar à imagem da décima carta dos Arcanos Maiores, A Roda da Fortuna.

As crianças sempre adoraram os carrosséis, a roda-gigante e todas as espécies de rodas de fiar mágicas. A antiga Roda da Fortuna é um símbolo das numerosas experiências (altos e baixos) de um período de vida, a roda de muitas vidas, a realidade espiritual da reencarnação. Vindo em seguida à carta O Eremita, que significa o serviço humanitário e a iluminação dada ao mundo, a Roda da Fortuna sugere a necessidade de preparação para uma futura encarnação e a vida maior, espiritual, vindoura.

Duas personagens – no começo e no fim de "Alice no País das Maravilhas" – ressaltam em especial as características fundamentais superiores dessa carta. O Coelho Branco, que guia Alice no País das Maravilhas, tira um relógio do bolso e repete continuamente que está atrasado para um encontro importante. Com isso, fica enfatizada a característica do *tempo*, o grande ciclo de minutos, horas, dias, meses e anos – as rodas sobre rodas da duração que parece encher a eternidade. O relógio exterior fica parado quando Alice cai no buraco do coelho, entrando em outra dimensão do tempo.

Mais adiante, a estranha figura da Rainha de Copas diz constantemente "Cortem-lhe a cabeça!". Parece que o pensamento e os aspectos intelectuais do cérebro precisam ficar em suspenso nesse estágio da realidade. De alguma forma, é preciso tornar-se uma verdadeira Rainha de Copas e penetrar no centro da vida, onde é mais forte sua pulsação. Ironicamente, no final da história, Alice, prestes a redespertar, vê todo o baralho de seu sonho elevar-se no ar e cair sobre ela. É fascinante observar que a carta Alice no País das Maravilhas está no meio do caminho – no centro – da jornada através dos Arcanos Maiores, e que as cartas de Alice a rodeiam.

Um tema mais amplo de Alice no País das Maravilhas é que toda a vida pode ser comparada a um sonho. Platão, Shakespeare e outros autores introduzem essa ideia. Lewis Carroll (na vida real, um professor de matemática e bibliotecário chamado Charles Dodgson) criou suas aventuras para Alice Liddell, uma criança inglesa, em 1864. Carroll amava o mundo dos jogos e gostava de inventar maneiras novas de divertir as crianças imaginativamente. Os contínuos jogos de palavras da história são extraordinariamente profundos e revelam a lógica tortuosa e divertida do idioma.

Quando essa carta aparecer em uma leitura, encare a vida de uma perspectiva mais elevada. Explore o reino dos sonhos e mantenha um caderno para anotar suas viagens fora do corpo. A boa sorte pode estar logo depois da próxima esquina. Imagine a roda da fortuna girando a seu favor. Seja o eterno otimista. Saiba que a força da consciência da prosperidade é o ás que você esconde na manga. Tire proveito das oportunidades de ouro que vêm ao seu encontro. A sorte está do seu lado. Deixe rolar!

Arquétipo do tarô tradicional: A Roda da Fortuna
Planeta regente: Júpiter

XI
O Toque de Midas

Ao longo da evolução do tarô, essa carta em geral é retratada como uma figura feminina, às vezes com os olhos vendados, representando a justiça cósmica. Sentada em um trono, segurando na mão direita a espada do poder espiritual e na esquerda a balança da justiça divina, essa deusa de sabedoria era conhecida como Artêmis na Grécia antiga e Maat no antigo Egito. Quando a pessoa passava para o além, era preciso "fechar as contas" e ser avaliada, enquanto alma humana, na balança celestial. A história infantil "O Toque de Midas" é um profundo ensinamento sobre esse tema.

No conto, o rei Midas tem uma linda filha, a quem ele ama muito, mas é mais forte em seu coração o amor pelo ouro. Certo dia, ao contar suas riquezas, aparece um estranho que lhe pergunta o que ele desejaria mais que qualquer coisa no mundo. O rei, sem refletir, pede subitamente o dom de transformar em ouro tudo o que tocar. O misterioso estranho lhe diz que até o nascer do Sol do dia seguinte seu desejo seria concedido. Quando os primeiros raios de luz entram em seus aposentos, pela manhã, o rei, pasmado, vê que seu desejo foi atendido. Uma cadeira, sua cama e até as magníficas rosas do jardim transformam-se em ouro ao seu simples toque. No entanto, sua filha, que amava as rosas, corre para o pai muitíssimo contrariada com essa súbita mudança. O rei estende a mão para consolá-la e, para seu espanto, ela também se transforma em ouro.

Desvairado de dor, o rei mais uma vez encontra o estranho, que pergunta ao poderoso soberano se ele havia aprendido a lição. O rei Midas suplica que seja eliminado o toque de ouro. O estranho manda-o mergulhar em um lago do jardim e encher um vaso especial com a água do fundo do lago. Essa é uma representação da limpeza ritualista dos pecados da avareza e do orgulho. Midas é informado de que, se verter essa água em tudo o que havia sido transformado em ouro, todos os seus preciosos objetos voltarão ao estado natural. É claro que as palavras do estranho correspondem à verdade e o rei Midas consegue devolver à vida sua filha e as belas rosas do jardim.

A moral evidente desse conto de fadas é que há algo mais precioso e caro ao nosso coração do que a riqueza material ou o ouro: a beleza e a santidade da vida que nos cerca. Outra lição é pensar antecipadamente nas consequências dos atos, pois é bem possível que seus mais íntimos desejos se tornem realidade, causando mais sofrimento do que felicidade.

Quando essa carta aparecer em uma leitura, seja sensível e amoroso com as pessoas que o cercam, e volte as costas à cobiça. Aprecie as coisas simples e belas da vida, entendendo que nem tudo o que reluz é ouro. O toque gentil de um ser amado pode ser mais importante do que ganhar dinheiro ou se esforçar para conseguir uma promoção. Faça um balanço da sua vida. Confie mais no juízo intuitivo do que na lógica fria. Pondere cuidadosamente suas decisões para evitar prejudicar a si mesmo e às pessoas que ama.

Arquétipo do tarô tradicional: A Justiça
Regente zodiacal: Libra

XII

João e o
Pé de Feijão

As antigas imagens do Pendurado, a décima segunda carta dos Arcanos Maiores, quase sempre mostram uma pessoa pendurada em uma cruz de madeira viva - uma figura de cabeça para baixo, com os braços cruzados. Essa pessoa está ligada a vários mitos sobre o salvador moribundo, sobre o messias que vem dos céus para libertar a humanidade. É alguém que inverte sua visão de vida, simbolizando a necessidade do autossacrifício e da sintonização espiritual.

No conto de fadas "João e o Pé de Feijão", um rapaz, preocupado com a pobre mãe (representando a abundância terrena não concretizada) depois da morte do pai, faz uma escalada para outro mundo (o céu) a fim de descobrir novas riquezas para a alma humana. Nesse drama, a mãe de João pede-lhe que venda a última vaca que lhes restava, para comprar alimentos e provisões, mas João, em vez disso, compra alguns feijões mágicos, que traz para casa. A mãe acha que os feijões não têm valor e joga-os no jardim. No entanto, enquanto ela lamenta sua triste condição, João olha para fora e vê que um enorme pé de feijão crescera da noite para o dia, subindo até as nuvens. João sobe no pé de feijão várias vezes. visitando um estranho castelo no céu, habitado por um gigante e sua esposa. No fim, João consegue pegar uma galinha que põe ovos de ouro, além de sacos de dinheiro e uma harpa mágica que toca sozinha. No ato final, o gigante persegue João na descida do pé de feijão, mas o rapaz consegue derrubar a planta, fazendo com que o gigante caia e morra. É a ousadia e a engenhosidade de João que devolvem à família a prosperidade e a abundância. Em outras versões da história, o gigante, no começo, mata o pai de João e fica com a riqueza e as sagradas posses da família do rapaz.

O Pendurado precisa inverter a visão que tem da vida para se submeter a um novo nascimento de percepção que o aguarda no estágio seguinte do caminho (A Morte, XIII). João precisa ir para outro reino, um reino superior, para "mudar sua sorte". Ele não pode ficar na dependência da realidade física que se descortina. Ao ousar explorar uma nova dimensão de consciência, ele se torna capaz de trazer ao mundo uma fonte de inesgotáveis riquezas.

O tema da renúncia é forte nessa carta. João renuncia à vaca para comprar feijões mágicos. A compra de feijões mágicos significa que João já não pode continuar preso ao mundo da lógica. De certa forma, ele está apostando que uma nova vida mágica pode ter início quando as sementes brotarem. Sua mãe também passa por uma renúncia ritualista, ao perder totalmente as esperanças e jogar os feijões no jardim. Seu choro é como uma descarga emocional, uma liberação de todas as mágoas e todos os medos reprimidos. É, também, um ato mágico que muda o futuro da vida dos dois. Todo ser humano carrega pesadas cargas, e o pé de feijão que liga o céu e a Terra simboliza a cruz que precisamos carregar. Parte de nossa lição é aprender que podemos vencer o gigante, que personifica as fobias, o medo do desconhecido e os monstros do ódio, da cobiça e da raiva, que espreitam as regiões sombrias da nossa psique.

Quando essa carta aparecer em uma leitura, veja sua vida e seus relacionamentos básicos de uma nova perspectiva. Medite para ter clareza.

Melhore sua postura e entenda que a sua coluna é como um pé de feijão espiritual que leva impulsos divinos para cima e para baixo do seu corpo. Entenda que pode vencer problemas gigantescos simplesmente com um pouquinho de iluminação. Você pode mudar seu mundo pelo poder do pensamento positivo e pela capacidade de se visualizar rodeado de fartura. Vire a página. Siga o fluxo. Renda-se a seu destino espiritual.

Arquétipo do tarô tradicional: O Pendurado
Planeta regente: Netuno

A BELA
ADORMECIDA

XIII
A Bela Adormecida

No conto "A Bela Adormecida", nasce a filha de um rei e de uma rainha, e os nobres e todas as fadas são convidados para o festejo. Durante a celebração, chegam doze fadas que expressam seus melhores votos, porém uma fada - a décima terceira, chamada a Fada Sombria - foi acidentalmente esquecida; seu convite havia sido perdido. Essa fada irrompe em cena e amaldiçoa a criança, dizendo que ela morrerá ao picar o dedo em uma roca. O rei, a rainha e os convidados ficam horrorizados; no entanto, uma fada boa ainda não tinha expressado seu desejo. Ela não é capaz de eliminar totalmente a maldição da Fada Sombria, mas consegue modificá-la, para que a criança durma apenas durante cem anos depois de picar o dedo.

Para impedir que a maldição cause danos à filha, o rei ordena a destruição de todas as rocas. Mas um dia, a menina, já na adolescência, entra em uma antiga sala do sótão de uma torre alta, onde encontra a Fada Sombria tramando sua desgraça. Não demora muito até que a maldição se consuma, quando a jovem se pica na agulha dourada. Na mesma hora, ela e todas as pessoas do reino caem em um sono profundo, que dura cem anos. Terminado esse período, um jovem cavaleiro, brandindo uma espada, abre caminho pelo bosque cerrado que havia crescido à volta do castelo. Entra no palácio e encontra todos adormecidos. Depara com a jovem Bela Adormecida e, ao beijá-la na testa, quebra o encanto, despertando-a, bem como a todo o reino adormecido. Finalmente, a família se reencontra e há muito regozijo no reino.

A história de A Bela Adormecida sugere o longo processo de maturação, especialmente naquele momento do ciclo em que a moça inocente ingressa no estranho mundo da adolescência, começa a menstruar (representado pela picada do dedo de Bela Adormecida na roca) e, em seguida, aguarda a relação que a levará a uma nova vida de casamento, família e responsabilidades sociais. O trecho do conto em que sobrevém o sono enfatiza a receptividade, o tranquilo interlúdio de vários anos em que nada de espetacular parece acontecer externamente para o jovem, mas profundas mudanças acontecem internamente, sob a forma de transformações sexuais e emocionais. Enquanto o período da adolescência das meninas é simbolizado pelo fluxo menstrual mensal e sua transformação em jovens mulheres, para os garotos ele é simbolizado pelo engrossamento da voz, significando mais força e capacidade de expressão no mundo.

Essa "mudança da vida", ou transfiguração da criança, é um processo de morte e renascimento. Na história, a décima terceira fada lança uma maldição de morte sobre a menina. Essa carta, a carta da Morte, também tem o número 13. No entanto, essa maldição de morte é rapidamente transformada em um sono que dura cem anos. Morte e sono estão diretamente entrelaçados no enredo. Aprendemos que a morte nunca mata a alma ou a centelha divina de vida do ser humano. A morte é um longo sono, do qual seremos despertados, no fim, para o reencontro com os entes queridos. O período de cem anos é um ciclo evolutivo mais ou menos equivalente ao período em que a alma humana poderia estar desencarnada, um período de aprendizado em níveis interiores, antes do regresso ao mundo terreno.

Até na mitologia grega, o sono e a morte – *hipnos* e *thanatos* – eram considerados "irmãos". Sabemos que cada noite de sono é como uma morte em miniatura, uma oportunidade de morrer para os triunfos e fracassos de ontem e descansar antes das oportunidades e dos desafios de amanhã. O cavaleiro nessa carta oferece o "beijo da consciência" à Bela Adormecida na forma de poeira de estrelas. Ele representa o lado ativo da existência superior da Bela Adormecida, a força em contato com a natureza celestial dela.

Em última análise, pode-se encarar a alma como a verdadeira Bela Adormecida. Ela dorme até que o equilíbrio entre o feminino e o masculino crie um casamento divino do céu e da Terra, do espírito e da matéria. Quando a humanidade aceitar a reencarnação e a evolução cósmica, a morte deixará de aterrorizar, sendo, ao contrário, vista como um longo sono, um intervalo em que nos embebemos da sabedoria adquirida com as grandiosas aventuras neste planeta.

Quando essa carta aparece em uma leitura, pode ser necessário um longo período de contemplação. Não tenha medo do tranquilo crescimento que ocorre no seu íntimo. Entre no mundo dos sonhos, dos arquétipos e dos símbolos com coragem e serenidade emocional. Aprenda, enquanto estiver no estado receptivo. *Fazer algo* exteriormente nem sempre é a resposta. Esqueça o passado. Como a lagarta que se transforma em borboleta, um processo mágico está em curso nas profundezas do seu ser. No final, você criará asas e voará alto como uma águia, sobre os reinos anteriormente não mapeados do conhecimento.

O processo de metamorfose é perigoso, porém toda criança precisa passar por esse período de incubação antes de tornar-se adulta. O jovem precisa deixar a rede de proteção da infância, mas as alegrias e mágoas dessa época continuarão vivas na imaginação.

Essa carta também indica o poder de cura do sono. Sem descanso suficiente, as células do corpo não podem funcionar adequadamente e o sistema imunológico é exigido até seu limite. Encare a paz e a quietude do sono como um interlúdio de tranquilidade e recuperação. Durante o sono, a alma afrouxa seu domínio sobre o corpo físico e vagueia pelo universo espiritual (ao mesmo tempo que conserva seu vínculo com o corpo através do "cordão de prata" ou fio da consciência). Desfrute essa excursão noturna por outros reinos da existência, e traga na volta os frutos dessas experiências, sob a forma de incríveis sonhos, visões e planos para o futuro.

Arquétipo do tarô tradicional: A Morte
Regente zodiacal: Escorpião

XIV
O Anjo da Guarda

través dos séculos, a décima quarta carta dos Arcanos Maiores tem sido retratada como um anjo ou arcanjo, muitas vezes vertendo um elixir mágico de uma taça para outra, com um dos pés apoiados em chão firme e o outro na água. Conhecida como A Temperança, essa figura representa a unificação das energias do espírito e da alma, e, em outra volta da espiral, representa o processo alquímico pelo qual a personalidade humana se impregna da luz e da sabedoria divinas. Em *O Tarô da Criança Interior*, a imagem dessa carta é O Anjo da Guarda, o ser que vela pela evolução da criança, que a protege e cura nas épocas de crise.

Na Idade Média, os grandes pintores da Europa desenhavam halos acima da cabeça dos anjos. Era o sinal cósmico de que esses seres tinham uma auréola de luz espiritual e eram emissários de Deus. Mais tarde, começou-se a mostrar também santos, sacerdotes, magos e outros mensageiros celestiais (o significado literal da palavra *anjo*) iluminados por um halo. Assim, a glorificação divina e a iniciação efetivamente ocorrem no reino humano. Os anjos da guarda são vistos como forças externas que nos mantêm longe dos perigos, ou como aspectos da alma da nossa identidade, ou mesmo ainda como o nosso Eu Superior.

Embora parte do significado da Temperança seja moderação e abstinência, a associação mais elevada da palavra é com o latim *tempor*, um período ou estação para tudo o que há sob os céus. Há também uma ligação com o latim *temperare*, que significa "misturar, mesclar, uniformizar". Aleister Crowley, quando criou seu baralho, deu a essa carta o nome de Arte. Para criar beleza como arte ou música, combinam-se as forças angélicas ou superiores da inspiração com os materiais e instrumentos físicos. Isso faz lembrar a antiga fascinação pela alquimia, a transformação de chumbo em ouro, em que o chumbo é a personalidade não iluminada e o ouro é o discípulo espiritual impregnado de alma.

Nos círculos esotéricos que dão destaque à meditação, à visualização e aos rituais mágicos, há um objetivo especial frequentemente descrito como conseguir conversar ou comungar com o santo anjo da guarda pessoal. Ao que tudo indica, todos os seres humanos têm a bênção de presenças divinas que nos protegem e nos guiam durante a encarnação, mas cada um de nós tem uma figura de maior luz, que poderia ser denominada Anjo Bom, que vela por nós. Fundimo-nos com esse anjo ao transpor o limiar conhecido como morte. Mais e mais pessoas estão discutindo suas experiências de revelação, que muitas vezes incluem encontros com um anjo da guarda ou ser sublime de luz, capazes de transformar a vida.

Nas histórias infantis, a fada madrinha, os magos prestativos e as fadas boas são variações sobre um tema maior, o do Anjo da Guarda.

Quando essa carta aparecer em uma leitura, abra o coração e a mente aos ritmos suaves capazes de restabelecer o seu senso de proporção e equilíbrio. Muitas vezes, ao introduzir mudanças maiores em nossa vida, precisamos de proteção e de orientação. Para a criança, é muito importante se sentir a salvo. A prece cristã que invoca o anjo da guarda tem trazido paz a muitas crianças: "Santo anjo do Senhor, meu zeloso protetor, a quem cedo me confiou a piedade divina, me guarda, protege, rege e ilumina". De forma muito semelhante, quando adultos aprendemos a nos cercar de luz branca quando estamos em perigo ou em dúvida. Você se sente a salvo e seguro? Peça a ajuda de forças superiores. Elas virão para abraçá-lo ternamente.

Arquétipo do tarô tradicional: A Temperança
Regente zodiacal: Sagitário

XV
O Lobo Mau

No tarô, a décima quinta carta dos Arcanos Maiores geralmente é chamada de O Diabo. Os artistas pintaram essa figura ou como uma criatura semelhante a um morcego, com enormes asas, ou como uma imagem demoníaca, com chifres, que acorrentou um homem e uma mulher ao seu trono – um cubo, simbolizando o mundo material de quatro lados. Em *O Tarô da Criança Interior*, a tradicional carta do Diabo é substituída pelo Lobo Mau.

O lobo aparece em muitas histórias para crianças, principalmente em "Chapeuzinho Vermelho", em "Os Três Porquinhos" e em "Pedro e o Lobo". Em geral, ele é a personificação do negativismo, da maldade, da escuridão e do que tenta nos devorar e tirar a vida. [Em inglês, *evil* (mal) é *live* (vivo) de trás para a frente, e *Devil* (diabo) é o contrário de *lived* (vivido).] A raposa é uma variação do Lobo Mau que aparece em muitas canções de ninar; nos contos do Tio Remus, é a Raposa Brer Fox. É digno de nota que o valor numérico de *fox* [raposa, em inglês] seja 666, o assim chamado número da Besta do Apocalipse, no final do Novo Testamento.

No âmbito psicológico, os contos de fadas nos dizem verdades importantes sobre os lados escuros e sombrios da vida. Essas verdades não apontam necessariamente para um mundo de mal, porém revelam o esforço do ego humano na busca de equilíbrio e compreensão do universo físico. Quanto mais uma pessoa se esforça, enérgica e cheia de razões, para evitar o lado escuro, tanto mais destrutiva pode tornar-se a vida da sombra. Quando se aceita a presença da sombra e os mistérios da Criação, nossa luz interior começa a aumentar. No lado escuro ou medonho da natureza humana jaz a semente da verdadeira integração espiritual.

O Lobo Mau e a raposa astuta personificam o lado ardiloso, danoso e maldoso do intelecto humano. Em última análise, ele não pode prevalecer, porque está programado para autodestruir-se. Isso é revelado pelo lobo de "Chapeuzinho Vermelho" e "Os Três Porquinhos", a bruxa de "Joãozinho e Maria", a rainha má de "Branca de Neve" e o gigante de "João e o Pé de Feijão".

Quando a carta O Diabo aparece em uma leitura com o baralho tradicional do tarô, ela parece ter uma conotação ameaçadora, porque sua mensagem lembra inferno, vergonha, pecado. O Lobo Mau é uma expressão muito mais natural das forças demoníacas dentro de nós, significando a sombra subconsciente da mente e a escuridão coletiva (consciência não iluminada) da humanidade.

A cura da alma humana sobrevém quando ela aceita e incorpora a escuridão na luz. Quando respeitamos a nossa totalidade - incluindo os pensamentos que nos atormentam, a vergonha que imaginamos, os pecados aparentemente imperdoáveis - já não somos vítimas do nosso medo. Tornamo-nos aprendizes espirituais e iniciados no caminho superior da evolução cósmica.

O desenho dessa carta é importante. O lobo está escondido atrás de uma árvore em uma floresta estéril. A fertilidade e o crescimento desapareceram. A Torre - simbolizando a proximidade da eliminação do apego ao ego, da cobiça, do desejo - está a distância. O caminho espiritual para os objetivos superiores continua existindo, mas a estrada parece desolada e as sombras são muitas. O lobo precisará deixar de se esconder e expor-se à luz da lua, para ser curado. Isso representa a movimentação para se livrar das cadeias do autocentrismo, rumo à comunhão com o mundo em geral.

Quando essa carta aparecer em uma leitura, acolha seus medos, dúvidas e aspectos não integrados da psique com os braços abertos. Deixe que sua luz brilhe nas regiões mais escuras da mente. Aceite a si mesmo como uma mescla de eu superior e inferior, a união dos corpos espiritual e material. Traga à tona sua raiva, suas invejas e antipatias, transfigurando-as em alegria, compaixão e compreensão. Onde existe separação, semeie a harmonia e o companheirismo. Onde existe a dor provocada pela angústia mental, ofereça sensibilidade sincera e atos simples de bondade para amigos e parentes. Dê marcha a ré no hábito de mentir para si mesmo e para os outros. Aprenda a falar e a viver a verdade da sua existência o máximo que puder.

Arquétipo do tarô tradicional: O Diabo
Regente zodiacal: Capricórnio

XVI
Rapunzel

A torre atingida por um raio sempre foi a imagem central da décima sexta carta dos Arcanos Maiores. Ao longo dos séculos, seu desenho mostrou a queda de uma figura masculina e de uma feminina do alto das muralhas da torre. Esse símbolo indica a depuração da consciência egocêntrica e o reconhecimento de que os alicerces materiais não podem servir de base para a vida espiritual. Os homens erigiram a Torre de Babel, prédios elegantes e arranha-céus trepidantes, mas os maiores esforços e realizações que têm o céu por meta precisam ser acompanhados de humildade. O conto de fadas "Rapunzel" representa A Torre em *O Tarô da Criança Interior*.

Na história, um casal reza para ter um filho. A mulher tem suas preces atendidas e, quando está grávida, vê um lindo jardim além de sua cerca. Pede ao marido para pegar algumas das folhagens que lá crescem. Acontece, no entanto, que o jardim pertence a uma feiticeira, e o marido é pego no ato de roubar as ervas. A feiticeira lhe diz que, se quiser viver, ele precisa prometer-lhe a filha. Apressadamente, ele concorda, renunciando ao bom senso por amor à esposa.

A filha recebe o nome de Rapunzel, e aos 12 anos de idade (o início da puberdade) é levada pela feiticeira. Fica trancada em uma torre para a qual não há escadas. Além de bonita, a moça canta maravilhosamente bem e tem longas tranças douradas.

Rapunzel nunca havia visto outro homem além do pai. Certo dia, um príncipe, em viagem pelos bosques, ouve-a cantar e observa a feiticeira chamando: "Rapunzel! Rapunzel! Jogue-me suas tranças". Rapunzel, pela janela da torre, joga suas tranças, pelas quais a feiticeira sobe. Quando a feiticeira vai embora, o príncipe pede a Rapunzel que jogue suas tranças e sobe ao alto da torre. Rapunzel, a princípio, fica amedrontada, e depois tranquilizada pela voz suave e pelas maneiras sensíveis do rapaz.

A feiticeira descobre que Rapunzel recebeu a visita do príncipe, corta suas tranças e abandona a jovem em um deserto. Quando o príncipe volta, a feiticeira assume o lugar de Rapunzel na torre, joga as tranças e corta-as enquanto o príncipe sobe; ele cai sobre um monte de sarça e perde a visão. Cego, ele vagueia sem destino até encontrar Rapunzel no deserto. As lágrimas de alegria dela curam-no da cegueira, e os dois vivem felizes para sempre com seus filhos gêmeos, um menino e uma menina.

Tradicionalmente, essa carta relaciona-se com o planeta Marte. O conto de fadas enfoca questões de orientação para o ego. O cabelo é uma manifestação do ego. Rapunzel não evoluiu, porém na torre passa por profundas transformações. Isso simboliza o fato de que não podemos entrar na torre antes de atingir a puberdade. Nesse momento, saímos de nosso autocentrismo, chocados pela nova percepção. O canto de Rapunzel representa o despertar do chakra da garganta, ressaltando sua necessidade de ser ouvida e reconhecida pelo mundo. O cabelo comprido está ligado ao desenvolvimento da consciência centrada no ego.

Na situação de Rapunzel, a nova vida é a experiência do deserto, onde ela dá à luz, simbolizando sua iniciação em uma existência maior. O príncipe cego simboliza a necessidade de interromper a busca ativa e evitar se tornar dependente dos sentidos exteriores. Cada pessoa, no estágio de realidade de A Torre, precisa fazer uma viagem para dentro de si mesmo e cultivar suas capacidades psíquicas superiores e seus processos de pensamento intuitivo.

Quando essa carta aparecer em uma leitura, prepare-se para experiências transformadoras. A única certeza, agora, é a mudança e a metamorfose. Fatos inesperados e chocantes podem estar iminentes. Purifique seu ego de velhos desejos, medos e rancores. Um súbito avanço mental pode ajudar a libertar sua personalidade de vínculos e limitações. Se estiver trabalhando como artista, músico, arquiteto, desenhista ou em qualquer artesanato requintado, reexamine os materiais que usa. Deixe que suas ferramentas físicas e seus recursos reflitam a luz e o amor que emanam dos níveis espirituais da consciência. Em questões sociais e de relacionamento, solte o cabelo – isto é, livre-se das convenções – para mudar de ritmo.

Arquétipo do tarô tradicional: A Torre
Planeta regente: Marte

XVII
A Estrela dos Desejos

Ao mais alto nível, as quatro cartas anteriores dos Arcanos Maiores contam a história da alma humana que transpõe o limiar da morte e vai para o além (XIII), funde-se com o Anjo da Guarda (XIV), encontra o Anjo Negro (XV) e, finalmente, purifica-se e liberta-se do antigo karma na Torre (XVI). Isso leva à experiência da Estrela, na décima sétima carta, e ao reavivamento da luz divina, da sabedoria e do amor radiante. Em *O Tarô da Criança Interior*, essa carta é chamada de Estrela dos Desejos.

Os antigos consideravam as estrelas entidades vivas, às vezes anjos celestiais. As escrituras judaicas sustentam que "toda atividade de que uma pessoa participa aqui na Terra é indicada primeiro no alto, pelo anjo da sua estrela". Isso nos lembra o adágio atribuído a Hermes Trismegisto: "Assim em cima como embaixo" - o que é verdade no macrocosmo (o sistema solar) é verdade ou se reflete no microcosmo (o ser humano).

Fazer pedidos à estrela é ligar-se novamente às forças superiores da vida, sejam elas os anjos da guarda ou corpos de luz celeste. A estrela do cosmos tem seu reflexo na Terra como a estrela de cinco pontas, vista na semente da maçã ou em uma flor de cinco pétalas, como a rosa. A estrela de cinco pontas também é um símbolo do aspecto criativo da humanidade e do potencial evolutivo de cada pessoa. O ato de formular um desejo seguido de uma oferenda a um poço dos desejos é uma forma de oração, um ritual que remonta a muitos séculos. A associação com a água revela o poder de encantamento das deusas da água e da Lua.

Todos desejamos que nossos sonhos se tornem realidade. Enquanto crianças, esses desejos muitas vezes assumem a forma de fantasias e de imaginação: "eu queria poder voar"; "eu queria ser uma princesa encantada"; "eu queria ser uma bailarina"; "eu quero ser bombeiro quando crescer". O impulso do desejo é mágico. Ele nos põe em contato com um potencial ainda não concretizado, uma visão, uma esperança. Desejar é abrir-se para receber, e se acreditarmos que somos dignos de conseguir, provavelmente nossos sonhos se realizarão, de uma forma ou de outra.

A expressão "cuidado com o que você deseja" é uma advertência importante. Quando as crianças se transformam em jovens, o ato de desejar precisa tornar-se mais consciente. Muitas pessoas não têm ciência do poder do desejo ou das presenças estelares guardiãs que as iluminam. Lembre-se de que fazer pedidos a uma estrela é um ato sagrado, uma convocação à Grande Mãe e Pai, os portadores das dádivas celestiais para cada um de nós.

Quando essa carta aparece em uma leitura, é possível que em breve seja atendido um importante pedido ou se concretize um grande desejo ou esperança. Abra a mente e o coração ao seu eu-estrela, à sua identidade superior que o conduz para cima na estrada do destino. Se quiser, saia à noite, ou logo antes do amanhecer, e faça um intercâmbio de sentimentos e pensamentos com os céus, colocando-se em sintonia com a magnífica presença de um planeta ("astro errante") como Vênus, Marte ou Júpiter, ou uma estrela brilhante de primeira grandeza, como Antares,

Sirius, Aldebaran, Regulus ou Arcturus. Lembre-se de que sua verdadeira essência é a luz espiritual, cujas roupagens, nesta vida, é o corpo físico. Suas preces e seus pensamentos sublimes têm o poder de animar e curar amigos, entes queridos e a sua comunidade em geral.

Arquétipo do tarô tradicional: A Estrela
Regente zodiacal: Aquário

XVIII
Cinderela

A alma humana que se livrou do passado e se libertou das ligações terrenas precisa prosseguir na odisseia estelar. As quatro últimas cartas dos Arcanos Maiores tecem uma história relativa aos grandes sonhos da humanidade (no tarô tradicional, A Lua, XVIII), o alinhamento com a fonte divina (O Sol, XIX), o chamado ao renascimento em forma humana (O Julgamento, XX) e a gestação para um novo ciclo de evolução terrena (O Mundo, XXI).

A décima oitava carta dos Arcanos Maiores sempre foi associada ao signo de Peixes. Cinderela ganha primeiro sapatos de madeira e depois de vidro, e Peixes rege os pés, ou a parte do corpo "que entende". Ela também está permanentemente limpando a casa e sendo tratada como escrava pela madrasta e pelas meias-irmãs, uma indicação dos temas piscianos de autossacrifício e martírio. Em um nível superior, Cinderela também vai ao Baile Mágico – que simboliza o deslumbramento da criança pelo fato de crescer e passar a integrar a sociedade – e encontra o príncipe de seus sonhos (Peixes rege os sonhos). A carta A Lua sugere o vívido poder da imaginação, da fantasia e dos sentimentos arraigados; também significa o reino astral que rodeia a Terra, a dimensão de consciência que abarca todos os anseios e desejos da humanidade.

No conto original, Cinderela é filha de um homem rico. Sua amada mãe morre, e o pai casa-se outra vez com uma mulher que tem duas filhas invejosas e mesquinhas. Como o pai está frequentemente fora e a madrasta toma conta da casa, Cinderela perde seus privilégios e se torna uma empregada; dorme na cozinha e passa a usar sapatos de madeira. Certo dia, o pai de Cinderela, prestes a partir em viagem, pergunta às filhas o que elas gostariam de ganhar. As meias-irmãs pedem joias e presentes valiosos, ao passo que Cinderela pede apenas o primeiro galho que tocar a cabeça do pai quando ele, a cavalo, regressar para casa. Ao voltar, o pai traz a Cinderela um galho de aveleira, que a moça planta no túmulo da mãe. A aveleira, simbolicamente, refere-se a proteção: representa o fio espiritual que não pode ser destruído pelos poderes da ignorância e da escuridão.

Com o passar dos anos, o ramo de aveleira transforma-se em uma bela árvore, cheia de pássaros de todas as partes do mundo. O ramo simboliza a força vital que liga Cinderela a suas origens, a sua mãe, à cabala, à Árvore da Vida e ao seu espírito (os pássaros). As lágrimas que Cinderela verte diariamente sobre o túmulo da mãe regam a árvore e, assim, a moça compartilha seus mais profundos pesares e sentimentos com a mãe. Do ponto de vista astrológico, sentimentos, origens e a mãe são associados à Lua.

O príncipe do reino anuncia que haverá três bailes. Para impedir que Cinderela compareça, a madrasta má lhe atribui tarefas difíceis, que exigem horas de trabalho duro. Além disso, não lhe dá vestidos para usar nos bailes. Cinderela, vencida e exausta, corre para o túmulo e chora. Subitamente, os pássaros, que são seus ajudantes angélicos, trazem-lhe um magnífico vestido e sapatinhos de vidro. No fundo, os presentes dados a Cinderela pela mãe e pela Árvore da Vida constituem um verdadeiro tesouro. Cinderela consegue, assim, ir aos bailes, nos quais dança com o príncipe.

À meia-noite, em um desses bailes, Cinderela afasta-se correndo do príncipe, mas deixa para trás um de seus sapatos de vidro. O príncipe procura em todo o reino pela única moça cujo pé caberia naquele sapato. Quando chega sua vez, Cinderela calça o sapato, que lhe serve perfeitamente; a bela moça e o príncipe se casam e vivem felizes para sempre. O maravilhoso final da história nos lembra de que a alma (Cinderela) e o espírito (o príncipe) são sempre um par, cujo reencontro é uma verdade cósmica depois do término da vida terrena.

Quando essa carta aparecer em uma leitura, explore seus sentimentos profundos sobre o passado, o lar, a mãe, os mistérios da vida e a sabedoria de Hécate, a antiga Deusa da Lua. Admita como é importante prantear e ser humilde, que muitas vezes são etapas que levam à profunda alegria e esplendor do coração. Em última instância, as mais difíceis tarefas de uma vida são o resultado do espírito que trabalha, fortalecendo nossa alma para o serviço futuro em escala mais ampla. Reflita. Deixe correr as lágrimas, se for preciso, pois elas são as águas da vida. A protetora invencível da criança não é a mãe exterior e física, mas a mãe curada ou a mulher interior, que surge assim que a alma é lavada e purificada. Talvez um passeio à luz do luar dê início a esse processo de transformação emocional e psíquica.

Arquétipo do tarô tradicional: A Lua
Regente zodiacal: Peixes

XIX
A Estrada de
Tijolos Amarelos

A décima nona carta dos Arcanos Maiores mostra, em geral, um brilhante Sol amarelo, revelando a magnificência dessa fonte de vida no nosso planeta. Nas antigas culturas, o Sol era frequentemente reverenciado como um deus, a presença espiritual irradiante que torna possíveis todas as coisas. Mas também se sabia que o Sol, brilhando em toda a sua majestade, poderia destruir a vida na Terra e cegar os tolos que o contemplassem por demasiado tempo. Em algumas versões dessa carta do tarô, uma criança pequena aparece dançando perto de um jardim de girassóis, ou cavalgando alegremente. A criança nos lembra de que, para atingir nossa divindade, precisamos ser como crianças – inocentes, despreocupados e alegres – e que a consciência da criança levará a humanidade das trevas para a luz. Em *O Tarô da Criança Interior*, a Estrada de Tijolos Amarelos representa o caminho para a sabedoria superior e a verdade espiritual.

Quando tentamos buscar a luz do Sol, estamos nos empenhando em atingir nossos altos objetivos e obter revelações e compreensão. Na clássica história "O Mágico de Oz", Dorothy e seu cão Totó saem pela Estrada de Tijolos Amarelos para procurar o maravilhoso Mágico de Oz, que ajudará Dorothy a reencontrar o caminho de casa. A Estrada de Tijolos Amarelos representa a via dourada que leva a criança em frente, rumo a

Oz – o Eu Superior, a idade adulta, a sociedade em geral, o verdadeiro lar pessoal espiritual no sistema solar, e o Sol. Existe até uma ligação entre Cinderela (A Lua), com seus sapatinhos de cristal, e Dorothy, na Estrada de Tijolos Amarelos, com seus sapatos mágicos que, se batidos um contra o outro três vezes, podem levá-la outra vez a Kansas.

Ao longo do caminho, Dorothy encontra outros exploradores – o Homem de Palha, o Homem de Lata e o Leão Covarde –, que a acompanham na jornada de autorrealização. As fadas boas, as feiticeiras más, os *munchkins* felizes e o mágico farsante desse conto são, todos eles, manifestações dos vários estados de consciência que o peregrino vive ao longo das aventuras de uma vida. Não obstante, a base da história é a Estrada de Tijolos Amarelos, que precisa ser trilhada para atingir-se o destino final: o lar – símbolo do despertar da alma, da luz espiritual e da sabedoria.

Diz-se que, em épocas primitivas, os seres humanos irradiavam uma luz dourada como a do Sol; a Terra ainda estava impregnada de vida solar. Essa foi a Idade de Ouro, quando os seres humanos caminhavam ao lado de deuses e deusas. Agora, na nossa civilização, apenas um reflexo dessa irradiação superior pode ser introduzido em nossa vida cotidiana, mas muitas pessoas estão reaprendendo a fundir o eu-Sol com a consciência terrena.

Na antiga China, o sábio Lao-Tzu falou sobre o Tao. O Tao era o Caminho da Vida, a via do destino espiritual. Era fácil desviar-se dessa trilha, e o caminho era cheio de percalços e desafios. Entretanto, permanecer centrado, equilibrado e voltado para o caminho divino pessoal era a marca que distinguia o verdadeiro discípulo e o iniciado. Agora sabemos, pelas mais recentes explorações espaciais, que o próprio Sol irradia um vento solar, uma espécie de tapete estelar de partículas carregadas e, talvez, misteriosas vibrações de cura que chegam até a Terra. A alma humana que eleva cada vez mais sua visão acaba voltando ao núcleo do

Sol, onde é reabastecida da substância divina, o maná do céu. Então, seguindo a corrente dourada – a Estrada de Tijolos Amarelos – no espaço exterior, a alma pode preparar-se para outra encarnação terrena, assim que soe a trombeta do renascimento.

Quando essa carta aparecer em uma leitura, um surto de luz solar espiritual pode iluminar sua mente e aquecer seu coração. Encha as cavernas escuras da sua psique com a luz branca da sabedoria divina. Construa um arco-íris para servir de ponte de compaixão e compreensão que você possa atravessar para encontrar seus companheiros peregrinos da estrada da vida. Levante-se antes do amanhecer, caminhe até um santuário natural próximo e vivencie novamente a maravilha do renascimento do dia. Vá até o oceano e absorva o esplendor do nascer e do ocaso do Sol, com sua cintilação amarelo-avermelhada do céu ocidental. Acenda uma vela, medite em uma aura de paz e envie pensamentos e preces de cura para a humanidade, em um raio multicolorido. Entenda que você, a despeito dos defeitos e das dificuldades que possa ter, é uma luz para o mundo.

Arquétipo do tarô tradicional: O Sol
Planeta regente: O Sol

XX
Os Três Porquinhos

Em muitos baralhos de tarô, o décimo Arcano Maior mostra o Arcanjo Gabriel tocando uma trombeta, enquanto um homem, uma mulher e uma criança se levantam dos caixões onde se encontram. É uma carta de renascimento espiritual e do Dia do Juízo Final; o julgamento, na verdade, é a decisão tomada pela alma humana de deixar os reinos superiores e regressar à vida terrena. Sob outro aspecto, essa carta trata da sabedoria e da discriminação necessárias para discernir os inimigos em potencial atrás de seus disfarces, e permanecer centrado no caminho espiritual. A fábula "Os Três Porquinhos" relata o embate final com o Lobo Mau e mostra que os poderes da evolução acabam triunfando sobre a força das trevas.

Embora algumas versões de "Os Três Porquinhos" retratem a raposa esperta como a adversária dos porquinhos, a versão mais amplamente conhecida gira em torno de um lobo esfomeado que sai para devorar sua presa. Cada um dos porquinhos constrói uma casa, que simboliza determinado tipo de personalidade e de qualidade de vida. O primeiro constrói uma casa de palha, o segundo faz uma casa de tojo, enquanto o terceiro constrói uma casa de tijolos. Com muita facilidade, o lobo, soprando e bufando, consegue deitar abaixo as moradias dos primeiros dois porquinhos. Estes, felizmente, tinham fugido para a casa do terceiro porquinho. Mas, quando o lobo depara com a casa de tijolos do último porquinho, descobre que é incapaz de derrubá-la com seus sopros.

O lobo, então, tenta ludibriar o terceiro porquinho de três formas. Primeiro, convida-o para colher nabos. Em seguida, chama-o para colher maçãs. Por último, pede que o porquinho vá com ele a uma feira no campo. Em todos esses episódios, o porquinho aprende a ser mais esperto que o inimigo. Sai uma hora mais cedo do que o combinado para colher nabos. Ao colher maçãs, arremessa algumas longe do lobo; este vai buscá-las e o porquinho aproveita para fugir. E, na feira, o porquinho compra uma batedeira de manteiga, esconde-se dentro dela e rola morro abaixo em direção à sua casa, com o lobo em seu encalço.

A essa altura, o lobo está tão zangado, e é tão grande o seu apetite pelo último porquinho, que decide subir no telhado e espiar pela chaminé. O prudente porquinho, ouvindo passos no teto, coloca um caldeirão com água fervente na lareira. O lobo, ao descer, é escaldado até a morte, e é o porquinho quem devora o lobo em um suculento jantar.

O sucesso do terceiro porquinho da fábula lembra-nos de que os poderes do egoísmo, da cobiça e do ódio - simbolizados pelo lobo - acabarão sendo transformados através da purificação e da limpeza pelo fogo. A tríplice confrontação entre os porquinhos - que representam as aspirações da humanidade - e o lobo - que representa as poderosas forças do mal e do caos no mundo - revelam em um relance a batalha, muitas vezes invisível, mas real, entre a luz e a sombra, neste conturbado planeta do cosmos.

Desde a descoberta de Plutão em 1930, foi atribuída a esse planeta a regência dessa carta. É um sinal de que, na aventura dos Três Porquinhos, esconde-se uma lenda épica de morte e renascimento, metamorfose e vitória do espírito humano, em inferioridade de condições. O potente sopro do lobo representa as energias espirituais e da vida natural que muitas vezes causam estragos por toda a Terra, na forma de tempestades com raios e trovoadas, furacões e tufões. Quando a humanidade aprende a construir para si um alicerce forte e consciente sobre a Terra – simbolizado pela casa de tijolos do terceiro porquinho – os ventos negativos oriundos do reino da natureza, ou o lobo, mostram-se fracos e ineficazes.

Quando essa carta aparecer em uma leitura, lembre-se de construir à sua volta um mundo prático. O seu universo espiritual, mental, emocional e físico está assentado na verdade e na sabedoria? Privilegie a qualidade e não a quantidade ao criar belas obras de arte. Siga o chamado da vida natural e ouça a voz interior que o leva a consumar seu destino superior. Não tenha pressa em tomar decisões de peso. Perceba as consequências dos seus atos no futuro. Pare de desperdiçar sua força criticando os outros. Lembre-se do velho adágio: "Não julgueis para não serdes julgados". Reforce sua natureza positiva, animada, inerentemente boa, para que os elementos sombrios do mundo não consigam minar sua determinação e dedicação.

Arquétipo do tarô tradicional: O Julgamento
Planeta regente: Plutão

XXI
A Criança Terra

No tarô tradicional, essa carta é O Mundo; em *O Tarô da Criança Interior*, é A Criança Terra, uma alma humana dentro de um útero, preparando-se para renascer. A criança representa a culminação de uma longa jornada. E enquanto a alma avança, atravessando o tempo, o espaço, a matéria e o espírito, ela volta a surgir do ovo primordial. No nascimento, um novo ser, completo e íntegro, faz sua dramática entrada no mundo físico de terra, água, ar e luz. Essa carta sugere o potencial do desenvolvimento futuro e a interpenetração criativa da consciência multidimensional.

Nascer no universo material é passar por dor e sofrimento - ironicamente, o elo de união mais comum a todos os seres humanos sobre a Terra. Essa carta, como convém, sempre foi regida por Saturno, o belo planeta anelado que denota disciplina, responsabilidade, concentração, trabalho duro, vulnerabilidade e solução do "velho karma". O mestre tibetano D. K.,* escrevendo por meio de sua discípula Alice Bailey, confirmou a profunda ligação entre Saturno e a Terra. Os dois corpos planetários

---

* O mestre DK diz respeito ao eremita tibetano Djwhal Khul, um dos precursores da Sociedade Teosófica juntamente com outros dois mestres: Kuthumi e Morya Khan. Antes de influenciar o trabalho de Bailey, DK incentivou os estudos e os escritos de Helena Blavatsky, que resultou na publicação de *A Doutrina Secreta* (obra completa em seis volumes publicada pela Editora Pensamento). (N. do RT.)

estão intimamente associados ao divino "raio" ou força que conduz a energia da inteligência ativa e da adaptabilidade.

Ao aprender difíceis lições na Terra, em sucessivas vidas, a alma humana começa a compreender o vasto alcance da existência no universo infinito. O próprio embrião humano, durante a gestação no útero nas 40 semanas de gravidez, reproduz toda a evolução da vida neste planeta, ao assemelhar-se sequencialmente a um réptil, a um anfíbio e, finalmente, a um mamífero, antes de ocorrer o nascimento. A beleza, a majestade, a complexidade e a unicidade da vida sobre a Terra estão entrelaçadas no tecido do bebê humano prestes a nascer.

Há uma ligação incomum, embora clara, entre esta vigésima primeira carta dos Arcanos Maiores e seu oposto numérico, a décima segunda carta, João e o Pé de Feijão. O pé de feijão no qual João sobe, e que liga o céu e a Terra, é semelhante ao cordão umbilical que une mãe e filho. João, enquanto versão de conto de fadas do Pendurado, decide voluntariamente "carregar sua cruz" e passar pelo processo do autossacrifício. A alma embrionária da Criança Terra faz uma escolha espiritualmente consciente no sentido de reingressar no mundo físico, e mais uma vez "carregar a cruz" da vida terrena. Assim como O Pendurado (XII) vira sua compreensão pelo avesso em preparação para a transição conhecida como A Morte (XIII), A Criança Terra (XXI) renuncia ao estado divino de contentamento para servir à humanidade e aguardar a transição conhecida como nascimento (O Louco, 0).

A sequência de 22 cartas maiores atinge seu ápice com A Criança Terra, porém esse processo natural é uma dança circular, e não uma série de imagens e experiências lineares. O embrião - que contém todas as experiências significativas adquiridas na passagem pelos Arcanos Maiores - amadurece, transformando-se no Louco - Chapeuzinho Vermelho -, e o ciclo da vida recomeça. Por esse motivo, a carta A Criança Terra tem uma profunda associação com a magia do crescimento orgânico e com as forças espirituais que atuam no "estado de semente".

Quando essa carta aparece na disposição, poderosas e divinas influências estão em gestação na sua aura. Acolha-as com a mente aberta. Lembre-se do quanto você foi protegido e alimentado pelos seus ajudantes, guias e mestres invisíveis. Você nunca está só. Sinta a harmonia universal que emana do Sol, o núcleo sagrado do sistema solar, e transforme-se na batida rítmica do seu próprio coração - o centro radiante do corpo. O antigo adágio: "Assim em cima como embaixo" é verdadeiro, pois a sabedoria cósmica está codificada no DNA e nas células. Sobretudo, deixe que o senso de deslumbramento infantil preencha a sua vida. Veja com novos olhos. Toque o mundo como se fosse a primeira vez. Reúna coragem para os ritos de iniciação à sua frente.

Arquétipo do tarô tradicional: O Mundo
Planeta regente: Saturno

III

OS ARCANOS MENORES

Introdução

Enquanto as 22 cartas dos Arcanos Maiores simbolizam a grande jornada da alma humana no caminho do seu destino, as 56 cartas dos Arcanos Menores representam as várias experiências do ser humano nos quatro mundos da vida no planeta Terra. O número 4 simboliza o enraizamento do plano divino na Terra, a manifestação das leis espirituais na realidade, a construção de alicerces sólidos e o trabalho sério necessário para obter resultados palpáveis. Os quatro mundos estão associados às quatro estações, aos quatro pontos cardeais da bússola, aos quatro elementos – fogo, ar, água e terra – e às quatro letras sagradas do nome hebraico para Deus – o Tetragrama. Em *O Tarô da Criança Interior*, os quatro naipes são denominados Varinhas de Condão, Espadas da Verdade, Corações Alados e Cristais da Terra.

As imagens dos Arcanos Menores de *O Tarô da Criança Interior* estão um passo à frente dos desenhos dos baralhos de tarô dos últimos 600 anos. Muitas vezes, os naipes tradicionais dos Arcanos Menores foram simplesmente representados, por exemplo, por uma carta com sete Espadas, cinco Copas ou dez Paus, sem cenários, histórias ou mensagens sensíveis. Em outros baralhos, os desenhos retratam figuras de adultos adornadas por muitos emblemas esotéricos difíceis de decifrar. Nesse tarô, o antigo bastão do pastor ou do camponês floresceu e se transformou na Varinha de Condão, representando o elemento fogo. A arma metálica medieval dos soldados foi transfigurada em uma adaptável Espada da Verdade que assume muitas formas, representando o elemento ar. O cálice ou Santo Graal da cristandade foi universalizado como o Coração Alado, representando o elemento água. E o antigo pentáculo oculto do fogo espiritual, que acabou se tornando sinônimo de dinheiro ou moedas circulares, metamorfoseou-se no belo Cristal da Terra, representando o elemento terra.

As cartas de *O Tarô da Criança Interior* mostram cenas repletas de sentimento, reconfortantes e espirituais do princípio ao fim dos quatro naipes. As fadas desenhadas nas Varinhas de Condão são os seres invisíveis que dão vida e cor ao mundo da natureza. As crianças que empreendem diversas aventuras nas Espadas da Verdade expressam a curiosidade da alma humana e sua ânsia em penetrar os mistérios da vida. As sereias e os tritões dos Corações Alados arrastam nossa imaginação para o reino submarino da emoção humana e dos sentimentos profundos. Os gnomos dos Cristais da Terra são os trabalhadores ocultos que conferem vida e solidez à terra, ao solo rochoso e às cadeias de montanhas que embelezam nosso planeta.

Cada naipe tem dez cartas numeradas e quatro figuras da corte. Como já mencionamos na parte intitulada "Introdução", as antigas figuras da corte receberam novos nomes, que refletem a cultura espiritual de nossa época. O Pajem é agora a Criança, o Cavaleiro transformou-se no Explorador, a Rainha é o Guia e o Rei é o Guardião. Os nomes, as imagens e as qualidades da "corte" desse tarô lembram-nos de que, seja qual for o caminho ou "naipe" da nossa vida, há mestres e modelos que podem alçar-nos a um estado sublime de consciência.

O aparecimento de muitas cartas do mesmo naipe em uma leitura é sinal evidente de que deve ser explorado por completo o significado que esse reino guarda. Por exemplo, muitas varinhas sugerem a necessidade de mais paixão e impetuosidade na vida; muitas espadas revelam a necessidade de agir no mundo e buscar clareza; muitos corações pedem que a pessoa sonde as regiões ocultas do amor humano e da sensibilidade emocional; e muitos cristais incitam a pessoa a criar um mundo melhor para si mesma, para seus entes queridos e para a comunidade em geral.

Embora os 22 Arcanos Maiores possam significar pontos de virada definitivos e marcos de vida, as 56 cartas menores não têm, absolutamente, uma importância "menor". Use a intuição com cuidado quando essas imagens aparecerem. Faça uma associação livre para estabelecer elos entre as figuras e as experiências recentes de sua vida ou da vida da pessoa para quem você está fazendo a consulta. Pense e fale sobre o que você de fato vê acontecer na carta. Esse procedimento pode permitir a você uma súbita compreensão do que, exatamente, a carta significa no seu caso ou no caso de outra pessoa, e por que ela apareceu nesse momento.

As Varinhas de Condão

Naipe de Paus

As Varinhas de Condão de *O Tarô da Criança Interior* correspondem ao naipe de fogo do tarô tradicional, chamado Paus. Essas varinhas simbolizam a arte, a criatividade, a intuição e tudo o que é mágico no reino elemental da Natureza.

Durante séculos as varinhas mágicas para adivinhação foram confeccionadas com a casca ou os galhos de várias árvores frutíferas e outras plantas, a fim de reproduzir as propriedades criadoras da Mãe Terra e sua natureza feminina receptiva. Do começo ao fim desse naipe, uma série de fadas de flores e de espíritos da natureza celebra a união da consciência humana com a clarividência de vibração elevada do reino dévico ou angélico. De acordo com Alice Bailey, em *A Treatise on Cosmic Fire*, os devas enxergam o som e ouvem a cor, ao contrário dos humanos.

As varinhas abrem-nos o reino da alegria e da paixão. Elas nos convidam a ultrapassar os limites de nossas fronteiras humanas. O naipe de Varinhas de Condão tem no alto uma borboleta, para acentuar a implicação de maravilha natural inerente ao processo invisível da metamorfose. Em cada um de nós, essa transformação criativa pode ocorrer metaforicamente, uma vez após outra, durante toda a nossa vida.

ÁS DE VARINHAS DE CONDÃO

Ás de Varinhas de Condão

Nessa carta, um magnífico potencial de alma, na forma de uma borboleta, está sendo desvelado por duas fadas. Na mitologia galesa, as fadas eram conhecidas como "as mães" ou "as ajudantes". Essas fadas estão pondo em liberdade o aspecto espiritual da humanidade. Há uma ligação entre a alma e a borboleta na mitologia grega, derivada da crença de que a alma humana se transforma em borboleta enquanto busca uma nova encarnação. O processo de transformação é extremamente potente em nossa vida, quando buscamos uma compreensão ampla do futuro e uma tranquila aceitação do passado. Ao nos recuperar de antigas feridas, assumimos novas cores e vestimos novas asas da esperança - à semelhança da borboleta que, milagrosamente, sai do casulo escuro em movimentos espiralados. Essa borboleta é lançada à luz e tem a oferenda de uma nova percepção consciente. É bem possível que isso esteja acontecendo em sua vida agora mesmo.

A borboleta é um símbolo fundamental do amor, sugerindo, na China, o casamento de almas. Essa dádiva alada é um lembrete para você, hoje, de que o amor, a unidade da alma e a arte estão batendo as asas em direção à sua vida. Está ocorrendo um inspirado renascimento. Chegou a hora de você mostrar suas novas cores. O voo começou.

DOIS DE VARINHAS DE CONDÃO

Dois de Varinhas de Condão

Segundo uma crença universal, o reflexo de uma pessoa é uma parte virtual da sua alma. Diz-se que as superfícies reflexivas captam a alma, ou são passagens para o mundo do espírito. Os budistas acreditam que toda a existência é como um reflexo em um espelho.

Essa carta retrata uma linda fada buscando o significado mais profundo da sua existência. Ao contrário de Narciso, que, por causa da vaidade, teve a alma presa em seu reflexo na água, essa fada está se unindo ao seu "ser amado", ou ao aspecto do seu ego que é todo amor. Ela vê, em sua própria imagem, o potencial da beleza sagrada.

Quando estamos prontos para transformações internas, confrontamos o nosso verdadeiro eu. Quem é o seu verdadeiro eu? Você é radiante, brilhante? Este é um momento de profunda percepção e introspecção pessoal. Encontre um lugar isolado e tranquilo para explorar seus talentos ocultos. Os dons intuitivos fortalecem você. Talvez você possa visualizar seu verdadeiro rosto. Assim pergunta um koan* budista: "Que aspecto tem o seu rosto original?".

---

* Koan é uma espécie de charada ou enigma feito por um mestre a um estudante a fim de testar ou aprimorar seu raciocínio. (N. do RT.)

TRÊS DE VARINHAS
DE CONDÃO

Três de Varinhas de Condão

As três fadas dessa carta celebram a musa da Deusa Tríplice. Dizia-se que a primeira deusa era Mnemósine, ou memória, o dom sagrado que nos torna capazes de recitar prosa, canção, verso e enigmas. As três musas proporcionam visão clarividente e habilidades intuitivas. Dessas criadoras divinas vêm as palavras *música* e, no inglês, *amusement* (divertimento).

As fadas retratadas nessa carta tocam delicados violinos. Diz-se que esses lindos instrumentos de corda foram feitos para fazer eco ao êxtase da criação. As fadas tocam seus instrumentos com varinhas mágicas que foram transformadas em arcos, acentuando a divindade do seu toque. Elas estão entre ramos de pessegueiros, dos quais eram feitas as varinhas mágicas na antiga China. O pessegueiro está associado ao planeta Vênus e representa a arte, a música e o amor.

A preciosa dádiva para você hoje é a lembrança da musa no seu coração. Abra-se para a alegria da expressão artística. A música do Universo é constante e harmoniosa. Aqui, o ponto fundamental é a possibilidade da alegria - a sua alegria e a alegria de viver.

QUATRO DE VARINHAS DE CONDÃO

Quatro de Varinhas de Condão

Um dos maiores mistérios da Criação é a força vital contida em uma semente. Quando plantamos um jardim, preparamos o solo como se estivéssemos preparando uma cama aconchegante para uma criança. Cobrimos a semente com terra rica para possibilitar seu período de gestação. Em breve, ela floresce como uma planta triunfante, irrompendo no solo e subindo em direção ao céu. A metáfora da semente é aplicável a todos os aspectos de nossa vida: a semente do conhecimento, a semente da verdade, a germinação da consciência, e assim por diante.

Essa carta retrata o plantio de uma nova sabedoria e a reconstrução do alicerce intuitivo. O jardim tem quatro lados, representando as quatro estações e os quatro pontos cardeais. Na antiga Grécia, os símbolos das estações eram quatro mulheres: Verão era adornada com uma coroa de grãos; Outono portava uma cesta de frutos; Primavera trazia uma grinalda de flores; Inverno tinha a cabeça descoberta. As fadas pintadas nessa carta representam a primavera, quando se faz um novo plantio, à espera de uma nova estação ensolarada e dos brotos.

Na sua vida, novas ideias estão sendo semeadas. Prepare sua vida para os frutos que você produzirá. Plante a sua criatividade e veja-a crescer.

CINCO DE VARINHAS
DE CONDÃO

Cinco de Varinhas de Condão

A deusa romana Flora é uma figura essencial da natureza. Ela representa tudo o que floresce e viceja, e é festejada no dia 1º de maio, a festa da primavera.* Ela possui o poder místico da procriação e da autofertilização. Pode-se dizer que ela é a rainha das flores.

Os alquimistas muitas vezes se referiam à flor de cinco pétalas como "o útero sagrado", de onde pode surgir toda perfeição e beleza. Flora, representada nessa carta como uma fada das flores, está reverenciando a época da floração, um trecho vital da sinfonia da natureza. Ela convoca você a expandir e a desfraldar a divindade que jaz dormente no seu coração. O seu lado feminino está florescendo. Esse é um momento oportuno para pintar ou colorir uma mandala. Visualize-a como a abertura da sua alma. Entenda que essa época de sua vida não é de luta, e sim de dança ou desdobramento de seus dons criativos e intuitivos. É possível que algumas mudanças estejam se avizinhando. Concentre-se na liberdade construtiva que o Universo lhe oferece. O ponto fundamental é abrir-se.

Pense na importância desta bela frase: "E chegou o dia em que o risco de continuar fechado em botão doía mais que o risco de florescer".

---

* O autor refere-se à estação no Hemisfério Norte.

SEIS DE VARINHAS
DE CONDÃO

Seis de Varinhas de Condão

O dia 1º de maio marca a época do ano em que a terra se enfeita com uma capa verde lindamente ornamentada pelas flores de primavera. A divindade que preside essa estação é a deusa Flora, também conhecida como a Virgem. Antigamente, era tradição erguer um mastro enfeitado - o Maypole - na véspera do dia da primavera. A dança do Maypole tinha o intuito de homenagear a fértil estação da primavera. A dança em volta do mastro, com fitas e flores, era um reconhecimento do ventre sagrado da humanidade. Era vista como a gratidão máxima à Mãe Natureza.

Antigos rituais como a dança do Maypole, as cerimônias japonesas do chá, o Chanukah e o dia de São Nicolau foram banalizados na cultura ocidental. Esses ritos de passagem, ou "momentos sagrados", visavam anunciar a unidade e fortalecer o bem-estar da comunidade. Eles também servem para ampliar a consciência global e a consciência transcultural.

As fadas dessa carta cantam e dançam para anunciar não só a primavera, mas também a fertilidade e seus poderes criativos. Elas estão homenageando o ápice de uma exultante nova consciência que floresce diante delas. Essa é uma época para você expressar o seu lado apaixonado e perceber que é uma parte vital do círculo da vida em constante movimento.

SETE DE VARINHAS DE CONDÃO

Sete de Varinhas de Condão

Essa é uma carta de cura. A fada criança pintada na carta detém o conhecimento da cura pelas flores e o uso correto dos remédios de plantas para ajudar a humanidade a se desenvolver e se conscientizar. As vibrações dos devas das flores e dos espíritos da natureza são tão elevadas que o impacto e a presença deles muitas vezes passam despercebidos aos seres humanos. Eles nos oferecem o elixir de suas flores por meio de agentes de cura como os Florais de Bach. Esses remédios foram criados pelo dr. Edward Bach, que dedicou sua vida à pesquisa e ao aperfeiçoamento do sistema de cura pelas flores. Dizia o dr. Bach que os remédios florais são "como uma bela música ou qualquer coisa gloriosa e enobrecedora que nos dá inspiração para aprimorar a nossa própria natureza, que nos aproxima de nossa alma e, exatamente por isso, nos traz paz e alivia o nosso sofrimento".[4]

As sete borboletas de diferentes cores dessa carta representam o sistema de chakras do corpo humano. Segundo uma antiga crença tântrica, todo corpo humano contém sete desses "centros do lótus" místicos, localizados em diferentes alturas da coluna vertebral. Com meditação e respiração profunda é possível despertar a kundalini, ou a força vital, que traz saúde para o corpo, a mente e o espírito.

É possível que você esteja pronto para explorar a profundidade e a transformação que estão ao seu alcance através da cura pelos chakras, pelos remédios florais ou por qualquer outra forma de sintonia de alta vibração com o corpo. Um passeio pela natureza pode ser benéfico. Nessas condições, você pode abrir-se aos curadores elementais que rodeiam e protegem o nosso planeta. Ao curar o corpo, você aprende a se tornar um radiante curador de seus amigos e entes queridos.

OITO DE VARINHAS DE CONDÃO

Oito de Varinhas de Condão

Dos quatro elementos, o mais leve é o fogo, porque sobe no ar. O fogo, com seus movimentos, assume muitas formas e é usado em rituais e cerimônias para intensificar a transformação, a purificação e o despertar espiritual. Dizia-se que os deuses e deusas do fogo nasciam nos bosques, assim como se dizia que os heróis e heroínas gregos nasciam de virgens das árvores. Esses deuses e deusas ficavam, então, impregnados de luz e Sol.

Na carta Oito de Varinhas, há oito fadas que estão passando por uma iniciação ou renascimento no reino ígneo da força e da transmutação. As varinhas que seguram estão sendo reenergizadas e alquimizadas, enquanto invocam o nascimento de uma nova consciência. Em última análise, o que está realmente despertando nelas é a luz do mundo.

Junte-se a essas fadas à medida que acendem suas varinhas nas labaredas do fogo. Pode ter chegado a hora de reencontrar-se com um grupo, com sua família, ou com a consciência que o faz superar o interesse próprio ou o poder pessoal. A maneira como você usa o poder tem consequências significativas para o mundo. O fogo pode destruir ou curar. Transforme-se em um portador da luz que respeita a verdade e se compadece de todos os que vivem na Terra.

NOVE DE VARINHAS DE CONDÃO

Nove de Varinhas de Condão

Existem ocasiões na vida em que nos é mostrada a passagem para a nova percepção que transcende nossos atuais limites ou nossa resistência. Essa nova percepção propicia outra visão do mundo, capaz de reconquistar o jardim mágico de sabedoria que vive em nós, ou abrir-nos para esse jardim. Nele, podemos aprender a dominar nossas habilidades e dons.

Quando a fada dessa carta estiver pronta para abrir o portão do jardim, ela encontrará um mundo de ervas, flores e árvores à sua espera. Elas vão revitalizar e curar a fada. A fada tem uma copiosa energia à sua disposição. As borboletas pousadas no portão são os aspectos da sua alma que já estão prontos para a metamorfose. Ela ouve o chamado do jardim, e por isso está espreitando.

Essa é uma época extraordinária da sua vida, durante a qual você pode explorar as passagens secretas do seu espírito ou concluir um importante ciclo evolucionário. Há, no seu íntimo, um lugar rico e florescente. Você precisa ir até lá. Feche os olhos e imagine-se entrando nos coloridos e perfumados jardins da mente e do coração.

DEZ DE VARINHAS DE CONDÃO

Dez de Varinhas de Condão

Uma vez tomada a decisão de transpor o limiar do jardim mágico, a longa jornada do renascimento chega ao fim. A fada que contemplava o jardim no Nove de Varinhas de Condão agora entra e vivencia uma volta para a casa espiritual no Dez de Varinhas de Condão. As borboletas multicoloridas do portão transformaram-se em uma coroa de borboletas brancas, criando uma aura divina de proteção e orientação. A fada tem na mão a varinha mágica, em cuja ponta está uma linda borboleta multicolorida, simbolizando a iniciação em estados de consciência superior.

O número 9, na numerologia, muitas vezes sugere o fim, enquanto as propriedades inerentes ao número 10 são o rejuvenescimento e a exaltação. Com nove borboletas brancas à sua volta e a décima agora como parte da varinha mágica, essa fada está pronta para novas responsabilidades e serviços nas artes intuitivas: cura, arte, música, dança e ritual.

Ao meditar sobre essa carta, entenda que você está sendo coroado. Seu campo áurico está sendo purificado, e, como as borboletas brancas, você está livre para explorar o círculo infinito do seu Eu Superior. Você está recebendo a oferenda de uma borboleta multicolorida, como ponte que liga a sua vida de serviços à comunidade em geral, à humanidade e à Terra girando no cosmos.

CRIANÇA DE
VARINHAS DE CONDÃO

Criança de Varinhas de Condão

O Pequeno Príncipe

Muitas vezes, são os pequenos presentes afetuosos que provocam profundas mudanças em nossa vida. O presente pode ser um dente-de-leão recém-colhido por uma criancinha, ou uma pedra especial que um amigo trouxe de uma praia de outro país. *O Pequeno Príncipe*, escrito por Antoine de Saint-Exupéry, conta essa verdade de forma eloquente através do personagem do Pequeno Príncipe. Um principezinho de um planeta minúsculo visita a Terra e, com rematada simplicidade, transforma a vida de um homem, que passa a entender a força do amor. No final da história, o Pequeno Príncipe, ao despedir-se para voltar a seu planeta natal, presenteia o homem com sua estrela. Diz o Pequeno Príncipe:

Todos os homens têm estrelas, mas elas não são as mesmas para todos. Para alguns, os viajantes, as estrelas são guias. Para outros, não passam de luzinhas no céu. Para outros, os sábios, são problemas. Para o meu homem de negócios, elas eram riqueza. Mas todas essas estrelas são mudas. Você - e só você - terá estrelas como ninguém mais tem...

Numa dessas estrelas, estarei eu. Numa delas, eu estarei rindo. E será como se todas as estrelas estivessem rindo, quando você olhar para o céu à noite... Você - só você - terá estrelas capazes de rir!

O Pequeno Príncipe é a criança-estrela em cada um de nós. Quando nos abrimos para a maravilha das estrelas, das flores e de toda a vida do Universo, humilhamo-nos diante da graça divina e da proteção espiritual. Nós também podemos viajar para lugares longínquos – em nossos sonhos e visões. Somos capazes de visitar lugares exóticos aqui mesmo na Terra e conhecer pessoas maravilhosas em todos os cantos do globo.

O aparecimento do Pequeno Príncipe em uma leitura é um belo presente que você recebe. O amor mais doce está florescendo na sua vida. Monte na borboleta da sua transformação pessoal e voe até a criança de amor desperta que vive na sua imaginação criativa. Passeie ao luar e contemple as estrelas tremeluzentes. Elas sorriem para você? Você consegue ouvi-las rindo como uma criança?

»

A EXPLORADORA DE VARINHAS DE CONDÃO

A Exploradora de Varinhas de Condão

Dorothy

> Em algum lugar, depois do arco-íris, bem lá em cima, ouvi falar, numa canção de ninar, que existe um lugar... Um lugar aonde você pode ir sem nenhum problema. É longe, bem longe, além da Lua, além da chuva.
>
> *O Mágico de Oz* (filme)

Muitas pessoas conhecem o magnífico sonho de Dorothy em *O Mágico de Oz*.* Uma jovem do Kansas é levada por um tornado e faz uma viagem interior, quando se aventura em busca "do mágico, do maravilhoso *Mágico de Oz*", um ser supostamente nobre, que seria capaz de fazê-la reencontrar o caminho de casa. Durante o trajeto, ela encontra uma bruxa boa, uma bruxa má, três criaturas únicas de personalidades diferentes – o Leão Covarde, o Homem de Lata e o Espantalho –, os *Munchkins*, os *Lollipop Kids* e outros. No fim, ela encontra o caminho de casa, orientada pela Fada Boa do Norte. Essa presença angelical sugere a Dorothy que a resposta ao seu problema está dentro dela. Dorothy diz mais tarde:

---

* O filme em questão é o clássico de 1939, dirigido por Victor Fleming e distribuído pela MGM, que revelou ao mundo o talento da atriz Judy Garland. Esse longa-metragem é repleto de cenários e símbolos que podem ser associadas ao tarô, conforme atestam os autores desse livro. (N. do RT.)

"Se eu sair outra vez em busca do desejo do meu coração, não vou procurar fora do meu quintal porque, se não estiver ali, para início de conversa, eu nunca o perdi de verdade".

O fato de Dorothy bater três vezes seus sapatos vermelhos mágicos, repetindo: "Não há lugar como nosso lar", é um símbolo de sabedoria - pois os pés são os alicerces e a força da vontade interior e dos sentimentos. Quando buscamos a verdade superior, muitas vezes nossa imaginação e nosso senso de aventura são estimulados, exatamente como o tornado abala os alicerces da existência de Dorothy. Ao partir na viagem metafísica, podemos encontrar guias e ajudantes que nos amam e nos oferecem sabedoria ao longo do caminho. Precisamos de amigos queridos e leais nessas aventuras. A relação leal de Dorothy com seu cachorrinho, Totó, é um símbolo da devoção e dos laços de família que constituem um chão firme para a viagem. No entanto, existem ocasiões em que nos dirigimos para uma meta e percebemos que o que estávamos procurando sempre esteve dentro de nós. Mesmo assim, a jornada é sempre essencial.

Quando Dorothy aparecer na disposição, siga o seu destino e prossiga em sua busca da vida. Adquira confiança e força espiritual. Nessa época, talvez você faça explorações e perceba fatos incomuns. Seus sonhos podem ser coloridos, profundos, divertidos ou aventurosos. Anote essas experiências noturnas. Também pode ser uma época em que você faça uma viagem real no mundo físico. Não descarte nenhum lugar que você possa conhecer. Tome providências para que suas visões se concretizem. Elimine o medo de se perder e de cometer erros. Seus ajudantes e guias vão lhe mostrar o caminho de casa quando sua aventura mágica estiver prestes a terminar.

»

GUIA DE VARINHAS DE CONDÃO

Guia de Varinhas de Condão

O Flautista de Hamelin

Quando a cidade de Hamelin é infestada por ratos, chega um misterioso visitante, conhecido como o Flautista de Hamelin. Ele afirma ser capaz de tocar sua flauta e levar os ratos até o rio, cobrando uma quantia, com o que concordam, deliciados, os dirigentes da cidade. Entretanto, depois de concluída a façanha, os habitantes da cidade não cumprem sua parte do contrato. O Flautista fica zangado e decide tocar uma melodia encantada que hipnotiza todas as crianças de Hamelin, que o seguem até uma montanha pacata e tranquila. Entretanto, um menino coxo, que tentava acompanhar os outros, fica do lado de fora, pois a porta para o refúgio da montanha fecha-se antes que ele consiga entrar.

A mensagem dessa carta é que você nunca sabe quando a musa poderá, subitamente, chegar e partir. A musa é a centelha de fogo criativo da imaginação superior. Ela pode ser sutil, fugaz, e pregar-lhe peças. O menino coxo representa a parcela da humanidade que se emociona com a musa e sabe que ela existe, mas mesmo assim não consegue encontrar uma forma de manifestar sua força no mundo. Com o garoto coxo, estamos diante de nossa necessidade de descobrir a musa interior, uma vez tocados pelo seu encanto mágico. Esse menino significa nossa expressão peculiar de sabedoria divina, pois ele não é como as outras crianças. É diferente, e honramos seu aspecto diferenciado quando honramos a musa interior.

Os ratos sugerem os pensamentos negativos da consciência da cidade que precisam ser purificados - a limpeza no rio. A cidade não quer pagar o Flautista porque seus dirigentes estão enredados no reino dos valores materiais. Recusam-se a valorizar a musa, a força da arte criativa. Por serem cegos e ignorantes, perdem sua vocação futura, representada pelas crianças.

No fim, os habitantes da cidade entendem seu erro. Dão à principal rua da cidade o nome de *Rua do Flautista Mágico* e fazem um vitral em sua homenagem. Mais tarde, chega à cidade um grupo de ciganos, e muitos dos habitantes mais velhos julgam que talvez sejam as crianças perdidas. As crianças, em sua longa jornada, passaram a ser pessoas inspiradas. Encontraram sua musa - simbolizada pelo Flautista - e voltaram para casa para inspirar seus pais.

Quando a carta do Flautista de Hamelin aparece em uma leitura, é hora de seguir o seu guia interior, seus pensamentos de natureza engenhosa e inventiva. Não siga um líder externo que toca uma melodia hipnótica; ao contrário, ouça o suave refrão da sua música interior. Brinque. Dance. Cante. Deixe florescer seus dons artísticos. Preste homenagem ao espírito criativo que leva você para a frente na estrada da vida.

O GUARDIÃO DE VARINHAS DE CONDÃO

O Guardião de Varinhas de Condão

Rafael

No misterioso e mágico reino da vida espiritual, diz-se que existem nove categorias de seres imortais que rodeiam o Criador e dão orientação e proteção à humanidade e aos muitos mundos da natureza. Os antigos nomes desses seres são serafins, querubins, tronos, domínios, virtudes, potestades, principados, arcanjos e anjos. Os quatro arcanjos são chamados de Rafael, Miguel, Gabriel e Uriel.

Rafael, desenhado nessa carta, é o arcanjo da providência que vela pela humanidade, indica o caminho e cuida de todas as almas em dificuldade na Terra. Quando você precisar de apoio e proteção, um anjo da guarda, sob os auspícios de Rafael, virá confortá-lo. Quando você precisar da sabedoria divina para escolher o lado certo em uma bifurcação do caminho da vida, um elemento da presença grandiosa de Rafael poderá ocupar totalmente sua mente e seu coração. O nome *Rafael*, na verdade, significa "Deus cura", e suas duas primeiras letras, *Ra*, lembram o nome que os egípcios davam ao deus do Sol, Rá. Diz-se que esse arcanjo "rege" os domingos e pode ser mais perfeitamente entendido mediante várias meditações profundas. Através dos séculos, esse ser sublime foi pintado na companhia de um jovem e de seu cão, lembrando-nos da orientação dada a Dorothy e a Totó na carta A Exploradora de Varinhas de Condão.

O Arcanjo Rafael também é o guardião de todos os viajantes e das pessoas que fazem peregrinações religiosas e espirituais. Assim, muitas vezes ele é retratado com um cajado e sandálias. Em *O Tarô da Criança*

Interior, suas mãos estão abençoando a Terra, e uma bela varinha de condão, em uma tonalidade suave de verde, faz parte de suas enormes asas. Rafael rege a primavera e revela suas maiores dádivas quando o Sol transita pelo signo de fogo de Áries (março e abril), quando a Terra, que está em oposição ao Sol, passa pelas harmoniosas vibrações de Libra.

Quando Rafael aparece na disposição, você está sendo abençoado pela presença da cura divina. Reconheça o poder sensível de suas mãos, capaz de reavivar a força de amigos e membros da família. Envie preces e pensamentos animadores para a mente e o coração dos seres humanos do mundo todo. Visualize uma corrente de amor dourado que emana do Sol, entra no seu chakra do coração e irradia-se para seus companheiros da estrada da vida. Viaje com confiança. Faça novos amigos. Cultive sua fé e expresse sua compaixão por tudo o que vive.

As Espadas da Verdade

Naipe de Espadas

O naipe de Espadas, nos baralhos de tarô tradicional, tem forte ligação com o elemento ar. As espadas simbolizam tanto a dinâmica luta das contradições do ego no reino mental como a capacidade de abrir caminho através das ilusões e das falsas ideologias. O significado último desse naipe é respeitar a verdade, não como uma projeção linear e rígida, mas como um processo ou ciclo. Não encontramos a verdade em partes, mas no todo. As espadas nos oferecem a oportunidade de examinar as muitas facetas da mente humana e seu potencial da clareza.

Como a mente pode ser ativa e ousada, esse naipe é ilustrado por cavaleiros, castelos, dragões e virgens. No decorrer de toda a evolução do tarô, esse naipe mostrou imagens de luta, destituição do poder, desgosto e conflito. Os desenhos de espadas de *O Tarô da Criança Interior* mostram, ao contrário, os atributos do valor e da coragem.

As espadas são pontiagudas e poderosas. Podem ser usadas para proteger, destruir ou conquistar novos territórios. É assim, também, que usamos a mente. Deixe que essas imagens lhe mostrem a maneira como você usa sua capacidade mental. Sua mente bloqueia ou melhora a sua vida? Aventure-se por esse naipe e descubra os tesouros secretos escondidos nos complexos padrões do pensamento humano.

ÁS DE
ESPADAS

Ás de Espadas

A figura dessa carta mostra o momento em que o rei Artur, adolescente, retira a espada mágica Excalibur de uma bigorna, em uma competição no dia do Ano-Novo. Com esse ato, ele se tornou o legítimo herdeiro do trono da Bretanha.

Durante séculos, a espada foi um símbolo do poder e domínio divinos. Mas ela é muito mais do que isso. Representa a *vontade espiritual* que vence o medo e a insegurança. É a força do *pensamento claro* que desbarata os exércitos mentais da preocupação e da indecisão. É a força ígnea da *intuição*, um atributo da mente superior, que nem todo jovem é capaz de manejar. A natureza mágica da intuição permite que a criança simplesmente "saiba", diretamente, uma verdade, uma realidade, ou uma situação, sem recorrer ao pensamento racional. Quando um jovem desembainha e empunha uma espada mágica, ele fica mentalmente investido de poder. No fim, com a espada na mão, o jovem segue o caminho do seu destino, como um guerreiro na estrada da vida. Por essa estrada sinuosa, todas as crianças aprendem o alfabeto, as palavras, as frases, a arte sofisticada da fala – pois a linguagem humana é uma extensão dessa espada de verdade divina. Por fim, quando a criança adquire experiência no reino das espadas, a própria espada pode se transformar – talvez em um instrumento musical, em um cajado de sabedoria, em uma tocha de iluminação ou em uma caneta de sabedoria inspiradora.

Quando o Ás de Espadas aparecer para você, recorra à força do seu pensamento dirigido para um único ponto. Invista-se da sua vontade divina e maneje-a como instrumento para derrotar os pensamentos negativos. Lembre-se de que viver fatalisticamente é ser controlado por circunstâncias fora do seu controle. "Seguir o seu destino" é honrar sua herança espiritual e reconhecer que você veio a este mundo com um propósito definido. Ao tirar a espada da rocha, você está aprendendo a explorar seus poderes mentais. A própria rocha é a resistência das condições opressoras. Essa carta indica o nascimento de uma nova forma de pensar e a morte das ilusões. Pode significar o começo de um projeto intelectual, a redação de um livro ou o início de uma jornada.

DOIS DE ESPADAS

Dois de Espadas

A esgrima e o duelo são esportes populares e formas de arte que exigem habilidade, equilíbrio e graça. Envolvem movimentos lúcidos e ágeis, associados à visão e à percepção necessárias para que o adversário seja subjugado e se renda. Potencialmente, nossa mente pode operar dessa forma. No entanto, em nossa cultura estressante, onde domina o pensamento dualista, inevitavelmente nos emaranhamos na indecisão e na insegurança. A solução dos conflitos da vida pode transformar-se em angustiantes atos de guerra. Muitas vezes, mostramo-nos inflexíveis ou incapazes de capitular diante de uma situação difícil que nos é imposta.

Essa carta apresenta a perspectiva de que nossos conflitos mentais podem ser vividos como se fossem um esporte, no qual o equilíbrio e a totalidade são prioritários. A vida toda divide-se em opostos: yin/yang, masculino/feminino, claro/escuro, alegria/tristeza. Precisamos conhecer um lado para entender seu complemento polar. As espadas cruzadas representam o conflito mental. O Sol radiante por trás das espadas é um lembrete da totalidade, cujo brilho sobrepuja qualquer espécie de dualismo.

Esta pode ser uma época da sua vida em que você está tomando novas decisões ou buscando respostas para problemas antigos. Siga em direção à sua luz e sabedoria, e deixe que as respostas venham à tona como um grande nascer do Sol. Deixe que as velhas preocupações mergulhem no passado, como um comovente ocaso. A clareza virá quando você se entregar tranquilamente ao momento.

TRÊS DE
ESPADAS

Três de Espadas

Essa carta retrata uma bela jovem que toca um triângulo feito de pequeninas espadas. Ela considera a possibilidade de harmonia e de enfoque. Acima, em uma janela aberta está pousado um pássaro canoro que, em silêncio, ouve a melodia. Esse pássaro simboliza a liberdade.

Tradicionalmente, o Três de Espadas é uma carta de tensão e confusão, que muitas vezes indica a perda do amor. No entanto, o que na verdade se perdeu foi o amor-próprio, pois a mente se apartou do coração. Faz-se necessário religar o chakra do coração e o chakra da coroa, para que a sinfonia do pensamento possa encontrar a mensagem melódica da verdade interior. O pássaro é um mensageiro que libera a moça dos pensamentos limitadores. O número 3 significa alegria, harmonia e comunicação. O triângulo também simboliza a trindade espiritual de espírito, coração e corpo. A moça está aprendendo a "tocar" e a combinar esses três aspectos da existência humana. As paredes do castelo sugerem os conceitos mentais que bloqueiam a verdadeira expressão, no mundo, das belas qualidades da alma.

Lembre-se de que os pensamentos que você tem são seus aliados. Aprenda a orquestrar seus pensamentos. Seus medos podem ser a percussão, suas esperanças os violinos, suas vitórias as trombetas. Busque a alegria pura da mente. Não permita que o refrão da incerteza provoque conflitos mentais. Sua linguagem do dia a dia pode ser tão magnífica quanto um concerto de Mozart, de harmonia primorosa. Sob o aspecto prático, essa carta pode sugerir que você deveria introduzir mais musicalidade na sua vida. Toque um instrumento musical ou ouça uma de suas gravações prediletas. A magia do som pode ser uma força de cura – apaziguando a mente, acalmando as emoções e descontraindo o corpo.

QUATRO DE ESPADAS

Quatro de Espadas

Na juventude, somos particularmente sensíveis às correntes de mudança repentina e aos novos rumos da vida. Nos estágios cruciais de desenvolvimento, a pessoa começa a delinear pensamentos de forma mais significativa. Nessa carta, a verdade interior - representada pelo rio - junto com a vontade de entender a liberdade - a jangada - nasce das profundezas aquáticas do passado - as espadas como varas de pesca. A jangada é uma metáfora da mente recém-formada, com base na ideia de que o broto da consciência ainda está por ser encontrado. A esperança do conhecimento superior é visível, apenas parcialmente, a distância. Nessa carta, a liberdade e a forma compõem um par gracioso, representado pelo pássaro branco que conduz os meninos nessa jornada.

A pesca, muitas vezes, é uma atividade relaxante, como também o é flutuar num rio sobre uma jangada. Quando você busca recuperar a memória de imagens do reino do inconsciente, com a finalidade de construir o seu futuro, empenhe-se em reproduzir o ritmo tranquilo do rio que você vê nessa carta. Não apresse esse processo. Imagine-se como um pescador, aprofundando seu conhecimento e lançando o anzol nas águas desconhecidas da vida. Mentalize uma grande pesca. Esse estágio de amadurecimento mental pode ter início em qualquer idade. Ele vem quando sentimos o ímpeto de construir um novo alicerce de percepção.

Um período de descanso ou uma temporada em um ambiente mais tranquilo podem melhorar a sua qualidade de vida. Fique em paz ao entrar nas águas da profunda mudança e da iniciação.

CINCO DE ESPADAS

Cinco de Espadas

No Cinco de Espadas, a jangada do Quatro de Espadas encontra um lugar para ancorar, e a espada ou vara de pesca está solidamente fincada na areia. O garoto deixa a jangada para trás e começa a explorar a diversidade de verdades não reveladas que o aguardam. Ele contempla uma estrela-do-mar, que revela o potencial da sua mente criativa. Na numerologia, o número 5 está associado à liberdade, à aventura e às mudanças inesperadas na estrada da vida. As focas nas margens simbolizam o surgimento de forças vitais invisíveis que se aproximam do menino. Este tem novas percepções e descobre novas ideias. O mais animador é a percepção da brilhante claridade que está surgindo atrás dele, vinda do luminoso Sol do céu.

Ao aventurar-se, deixando para trás a jangada do seu passado, fique ciente da verdade e da liberdade que o aguardam. A liberdade, quando mal-usada, pode provocar confusão e caos. Seja criterioso e discriminativo ao reunir recursos e informações. Conheça os seus limites - as lições da jangada. Torne claras as suas metas. O garoto está em uma rocha escorregadia, e precisa movimentar-se com cuidado para manter-se firme. Imagine a súbita compreensão iluminadora vinda de profundas regiões do seu interior. Este é um tempo de criação e de determinação. Acima de tudo, concentre sua atenção e seus pensamentos.

SEIS DE
ESPADAS

Seis de Espadas

A grandiosa e dramática saudação retratada nessa carta é um tributo à força ativa da mente que encontrou unidade e êxito. Cada uma das crianças segura uma taça, representando a força do coração, e uma espada, representando a força da mente. A meta foi alcançada, e a busca de nova clareza está completa. A visão está nítida e unificada. Existe responsabilidade, lealdade e amizade. Nesse nível de percepção intensificada, a pessoa se fundiu com o ideal da comunidade. Essa união viabiliza a missão de servir ao planeta. A mente, usada em toda a sua potencialidade, aqui representada pelas espadas, está impregnada de luz. A mente brilha e está plena de triunfo.

Você atingiu o ponto mais alto. A presciência e a inspiração envolvem-lhe a mente, como se a luz quente do Sol tivesse feito evaporar as águas do pensamento negativo e do medo. Parabéns! Sente-se ereto, feche os olhos e deixe que a luz do fogo solar se transforme em um elixir de sabedoria. Uma aura dourada de proteção divina está à sua volta. Agora é tempo de servir à humanidade com clareza de visão.

SETE DE
ESPADAS

Sete de Espadas

Nessa carta, um jovem estudante deu início à tarefa de desvendar o conhecimento sagrado. É o marco de um período de reflexão. A criança contempla, pela janela, um cenário pacífico, onde um navio veleja a distância. Trata-se de um símbolo, que reflete o horizonte maior que se descortina à sua frente. Suas canetas têm a forma de pequeninas espadas que o ajudam a gravar as verdades e a clareza que nascem da sua solidão. Os livros à sua frente são uma fonte de antigos ensinamentos. Como símbolo do misticismo, o pergaminho representa o tempo. A parte do pergaminho que está desenrolada é o presente, e as duas extremidades enroladas são o passado encoberto e o futuro desconhecido. Os símbolos dessa carta representam estudo, iluminação e comunicação.

Pode estar na hora de começar novos estudos ou reavivar o seu amor por um projeto especial ou por uma área de pesquisa. Esta é uma época de quietude e de reflexão. A orientação interior está operando. O momento é propício para atividades como leitura de livros, redação de artigos e exploração da sua imaginação. Valorize e respeite esse tempo de solidão. Se quiser, aprofunde seus conhecimentos acerca de meditação, de contemplação e de técnicas de visualização. Acima de tudo, encontre dentro de si um local de paz.

OITO DE ESPADAS

Oito de Espadas

As crianças na carta Oito de Espadas estão caminhando por uma caverna ou labirinto, que representa a jornada da alma por territórios desconhecidos. O labirinto muitas vezes tem uma trilha sinuosa que leva ao objetivo final. É frequentemente usado em procedimentos de iniciação. Quando ocorre uma transformação profunda, muitas vezes somos guiados até os locais secretos da nossa mente para solucionar velhos padrões kármicos e medos subliminares. Os místicos orientais dizem que o verdadeiro eu habita a caverna do coração. Precisamos ir até lá para recuperar a sabedoria.

A aranha representa o enigma da teia, que ela tece dentro e fora de si. Algo semelhante acontece com a nossa mente. Remodelamos e reformulamos constantemente os nossos pensamentos. A cobra, enrodilhada como um oito – o símbolo do infinito –, é o poder psíquico e a força vital interior. Essa cobra nos lembra da antiga sabedoria da energia kundalini que sobe e desce pela nossa coluna, e que foi comparada a um dragão de fogo adormecido no chakra da raiz. A capacidade de se readaptar às situações da vida é essencial para podermos reagir com êxito ao chamado de mudança e amadurecimento.

Talvez você sinta esse período de sua vida como uma fase de provações. Deixe de lado as preocupações, pois você está iniciando uma jornada sagrada. É possível superar o medo, desde que esteja disposto a confrontar sua face ilusória. Talvez você não esteja valorizando esse período de iniciação. A forma de fazê-lo é lançar luz sobre os profundos medos que bloqueiam a sua vida e ficar preparado para entender o seu poderoso significado. Esta é uma oportunidade única para limpar a casa da sua psique. Sempre há uma luz no fim do túnel.

NOVE DE ESPADAS

Nove de Espadas

Sentada em um campo relvado, a criança dessa carta está rodeada por nove espadas. Simbolicamente, ela é incapaz de enxergar além das elaborações mentais limitadoras (as espadas) que ela mesma criou. Também está cercada por um dragão extravagante, seu aliado não declarado que ela, sem saber, toma por um inimigo. Quando esse jovem estiver preparado para olhar para cima e encarar o dragão, perceberá que essa fera é um aspecto poderoso, embora não integrado, de si mesmo.

O número 9 denota conclusão. Os velhos pensamentos estão prontos para desaparecer. Com o tempo, uma a uma, as espadas virão abaixo, à medida que a criança se abrir para o amoroso gesto de deixar o dragão entrar. No entanto, é preciso reverenciar as espadas, pois elas protegeram o garoto da dor e da sabedoria que ele não está preparado para assimilar. No simbolismo taoista chinês, o dragão é reverenciado como o espírito que mostra "o caminho".

Procure em você o dragão imaginário, e deixe que ele o guie para uma visão transformada das suas metas futuras. Fique ciente de que você usa pensamentos limitadores ou ideias rígidas como escudos. Esteja disposto a concluir o ciclo de aprisionamento, abrindo-se, suave e amorosamente, para uma visão maior da sua vida.

DEZ DE ESPADAS

Dez de Espadas

Há triunfo e libertação no ar. O jovem dessa carta, já ordenado cavaleiro, aceitou seu poder interior. No Nove de Espadas, o dragão mantém cativo o menino porque este é incapaz de enxergar além de seu próprio medo. No Dez de Espadas, o dragão está dentro de um círculo formado pelas espadas do rapaz, simbolizando a integração do poder e da coragem necessários para superar o terror e a opressão. Ao fincar no solo a décima espada, completa-se o círculo à volta do dragão, significando que o jovem atingiu unidade de mente, espírito e matéria.

Agora você está livre para explorar o começo de um novo ciclo de percepção consciente. Você trabalhou com muito afinco para superar bloqueios e tensões emocionais. Tem melhor compreensão da coragem exigida para limpar a mente de pensamentos negativos, pois enfrentou o seu dragão. O círculo da vida continua, e você agora está pronto para uma nova rodada de aventuras. Quando uma crise chegar, no futuro, você saberá o que fazer. Use a sabedoria e a experiência adquiridas no passado e lembre-se de apoiar a si mesmo ao longo da estrada. A mente é muito poderosa. Você precisa impregná-la de pensamentos de bondade e amor. Você merece uma estrela pela vitória.

CRIANÇA DE
ESPADAS

Criança de Espadas

Pinóquio

May Lamberton Becker, na introdução a "Pinóquio",* cita o filósofo Benedetto Croce, quando diz que "a madeira na qual Pinóquio é esculpido é a própria humanidade". Isso nos lembra de que todos os seres humanos cometem erros, no esforço de concretizar seus maiores sonhos. As crianças adoram Pinóquio por serem tão semelhantes a ele.

Um pobre carpinteiro chamado Geppetto, ao esculpir um boneco, descobre certa manhã que o boneco de pau que fabricou é capaz de falar e se transformou em um menino inculto e egoísta, com um nariz comprido que cresce quando ele mente. No desenrolar da história, Pinóquio tem muitas lições a aprender sobre a verdade e a integridade. Ele quer ir para a escola e estudar, mas é tentado a "seguir a música" - isto é, seguir sua musa - e desvia-se do caminho da educação. No fim, devido a seus muitos infortúnios no mundo, ele aprende as virtudes do amor altruísta e do serviço à humanidade.

As lições de Pinóquio são as mesmas que aprendemos quando atingimos a maturidade. As crianças pequenas se sentem tentadas a mentir e a roubar para se desembaraçarem dos problemas do dia a dia. A mente de Pinóquio ainda está em desenvolvimento, e ele ainda não compreendeu

---

* A edição da obra de Carlo Collodi, apresentada pela jornalista e crítica literária May Lamberton Becker (1873-1958) é de 1946: *Pinocchio: the Adventure of a Wooden Boy*, traduzida do italiano para o inglês por Joseph Walker e ilustrada por Richard Floethe. (N. do RT.)

a importância da verdade e da honra. Ainda não precisou encarar a si mesmo no espelho da vida.

Quando começamos a superar alguma espécie de ignorância própria da juventude, é possível que apareça a carta Pinóquio. A essa altura, já não somos marionetes que dançam de acordo com os cordões do desejo e da cobiça, e sim seres humanos que buscam uma perspectiva madura de vida. Pinóquio realiza o sonho de tornar-se verdadeiramente humano quando sacrifica seus desejos em função do amor e da cura do seu criador, Geppetto.

O aparecimento da Criança de Espadas em uma leitura significa uma solicitação para que você investigue qual a força da verdade na sua vida. Até que ponto você é honesto? Elimine completamente eventuais padrões antigos de mentira, trapaça e autoilusão. Veja a si mesmo claramente no espelho que revela suas verdadeiras características. Aprenda a usar a força de vontade espiritual e a disciplina mental da espada para permanecer no caminho do seu destino.

»

O EXPLORADOR
DE ESPADAS

O Explorador de Espadas

O Espantalho

Nem Pinóquio nem o Espantalho de O Mágico de Oz são totalmente humanos, mas foram criados por seres humanos. Ambos estão empenhados em desenvolver a capacidade de pensar por conta própria. Quando o Espantalho se apresenta, mostra que está totalmente sem rumo e diz: "Não consigo nem espantar um corvo". Mais tarde, ao prosseguir pela Estrada de Tijolos Amarelos, o Espantalho passa a ser muito engenhoso e esperto. Parece que a própria jornada ou saga educa o Espantalho, fazendo aflorar seu conhecimento. Quando encontra o mágico, o Espantalho percebe que está de plena posse de sua sagacidade e inteligência. Dorothy, pronta para ir para casa, volta-se para seu querido homem de palha e diz: "Espantalho, é de você que sentirei mais falta". Isso sugere a dignidade e a importância do intelecto e do pensamento lúcido.

Na carta O Explorador de Espadas, as duas espadas representam a falta de propósito, o conflito mental, o pensamento dualista que acabará sendo harmonizado. Os girassóis significam a possibilidade de cumprir o próprio destino, de erguer-se com toda humildade e de curvar-se diante do brilho do doador de vida, o Sol. O próprio Espantalho é retratado como um gigantesco girassol, tentando cultivar a força de vontade e a clareza de pensamento, que acabará encontrando, ao aprender as lições da vida na Estrada de Tijolos Amarelos.

O Espantalho é inocente e ingênuo. Sua natureza despreocupada e espontânea nos faz lembrar o Louco, ou bobo da corte, até entender qual é sua tarefa: superar em esperteza a Bruxa Má do Oeste e ajudar Dorothy em sua missão. Nesse momento, ele está pronto para usar a mente a serviço do todo maior. Ele evolui do egoísmo para a dedicação aos companheiros. O cérebro do Espantalho transforma-se de semente de iluminação pessoal em flor de divina compaixão.

Quando o Espantalho aparece em uma leitura, sinta mais confiança na sua capacidade mental. Se preciso, aprimore seu vocabulário, consulte um dicionário, aprenda um novo idioma ou estude a literatura clássica. Tome providências enérgicas para enriquecer o seu universo intelectual. Evite a hesitação e a indecisão. Sempre existem oportunidades de ouro para quem enxerga longe e tem critério.

GUIA DE
ESPADAS

Guia de Espadas

Robin Hood

Robin Hood e seus alegres companheiros viveram na Inglaterra do século XVII. Para os saxões nativos da floresta de Sherwood, eram heróis fora da lei que roubavam dos ricos senhores normandos e repassavam o dinheiro apurado aos pobres camponeses que trabalhavam a terra. Robin Hood foi, na verdade, um brilhante arqueiro e espadachim que se tornou lendário no seu tempo. Suas proezas com João Pequeno, Will Scarlet, Frei Tuck, Allan A-Dale e o rei Ricardo Coração de Leão se transformaram em contos de aventura que até hoje excitam a mente e o coração dos jovens de todos os cantos do mundo. As experiências desses homens alegres ligam-nos aos tempos mágicos do rei Artur e os Cavaleiros da Távola Redonda, e às experiências de Jesus e seus doze discípulos.

Em um período de corrupção governamental e de intrigas políticas, Robin Hood e seu bando tornaram-se símbolos de justiça, de serviço humanitário e de boa vontade. O Guia de Espadas representa uma verdadeira fusão entre compreensão, esperteza e amor pelo próprio povo ou comunidade. O que era apenas um potencial na carta Pinóquio, e uma concretização parcial na carta O Espantalho, torna-se agora um estilo de vida na carta Robin Hood.

O amor de Robin Hood por Marian apresenta outra dimensão do reino das Espadas: a união espiritual e o casamento físico abençoados pela devoção à defesa das leis da natureza. Na França, quase três séculos depois de Robin Hood, surgiu outro Guia de Espadas para livrar uma nação da escravidão e conduzi-la para a luz proporcionada pelo Arcanjo Miguel. Essa Guia de Espadas foi Joana d'Arc.

Nessa carta, Robin Hood tem a Espada da Verdade a seu lado e, na aljava que traz às costas, as flechas da consciência superior e da orientação para objetivos. Ele acaba de recuperar o ouro que vários aristocratas ricos tinham, no fundo, roubado dos pobres através do excesso de impostos e encargos.

Quando Robin Hood está presente em uma leitura, siga resolutamente suas pegadas. Tome a iniciativa no seu caminho de vida. Ajude os necessitados. Seja generoso com os pobres. Ensine aos outros os valores da justiça, da probidade, da igualdade e da honra. Explore as florestas e aprenda a viver em harmonia com a natureza. Lembre-se do antigo adágio: "A verdade o libertará".

O GUARDIÃO DE ESPADAS

Guardião de Espadas

Miguel

O Arcanjo Miguel sempre foi considerado o capitão dos exércitos de Cristo, o comandante das hostes celestiais. Era ele, quase certamente, o "anjo com a espada empunhada" que apareceu a Josué antes da Batalha de Jericó, quando soaram as trombetas e os muros ruíram, e o Sol ficou parado. No Apocalipse, diz-se que ele, com sua espada flamejante, liderou milhares de anjos na batalha apocalíptica contra o antigo dragão, representando Satã, os anjos caídos e os demônios. Miguel é a personificação celestial do poder e da força de vontade espirituais. Se você precisar proteger a mente de pensamentos negativos e confusão, conforte-se rezando uma prece a um anjo sob os auspícios de Miguel. Quando chega a hora de reunir coragem extra para enfrentar uma importante decisão na vida, a orientação toda luminosa de Miguel iluminará o caminho da verdade para você trilhar.

O nome *Miguel* significa, na verdade, "aquele que se assemelha a Deus". Ele é o arcanjo que tem a seu encargo velar pela Igreja Católica Romana. Embora Miguel tenha proporcionado inspiração divina a milhares de soldados, cavaleiros e guerreiros através dos séculos, ele não é responsável pelos malfeitos e excessos cometidos pelos homens de livre--arbítrio nos períodos de guerra e conflito. Miguel tenta instilar na humanidade o senso do poder criativo e espantoso de Deus para manifestar a boa vontade sobre a Terra. Sua maior força é sentida quando o Sol transita por Libra (setembro e outubro) enquanto a Terra, em oposição ao Sol, passa pelo signo de fogo de Áries.

Nessa carta, um Miguel com armadura mostra sua presença altaneira no nosso planeta. A Espada da Verdade, a clareza mental e a boa vontade são oferecidas com amizade. Essa carta também nos lembra o Caminho da Cruz - a dor e o sofrimento que precisamos suportar do começo ao fim de muitas vidas, ao servir nossos amigos e companheiros. A rosa vermelha sugere o florescimento final da humanidade e a confraria mística de guerreiros planetários que juraram eterna obediência ao Cristo do amor universal.

Quando Miguel se apresenta, talvez você esteja extenuado depois de uma das muitas batalhas da vida. Reavive seu desejo de viver pautando-se pela mais elevada verdade possível. O espírito da honestidade e da virtude está sobre você. Lembre-se das palavras de Jesus no Jardim do Getsêmani, pouco antes da crucificação: "Seja feita a tua vontade, e não a minha". Durante esse intervalo de contemplação, sua fé e crença nos poderes superiores poderão ser restauradas. Siga o caminho da vida com humildade, confiança, um coração de ouro e intenções nobres.

Os Corações Alados

Naipe de Copas

Os Corações Alados de *O Tarô da Criança Interior* correspondem ao naipe de água do tarô tradicional, chamado Copas. Eles simbolizam a propriedade feminina e receptiva, que abrange nossos sentimentos, emoções, sonhos e nossa natureza de amor. Seu ritmo acompanha os misteriosos ciclos da Lua.

O Coração Alado é um símbolo divino que representa a liberdade oferecida pelo amor incondicional. Os sufis, que não penetram unicamente na essência do islamismo mas também de todas as religiões, usam esse símbolo como emblema de amor e devoção.

As sereias, tritões e cenas submarinas que ilustram todo esse naipe caracterizam as forças inconscientes que jazem abaixo da superfície de nossa percepção do dia a dia. Representam também a magia oculta do mundo dos sonhos, que constitui uma importante parcela de nossa imaginação criativa. Diz-se que as sereias vivem nas nascentes, nos rios e nos oceanos, exercendo vigilância sobre os tesouros dos palácios submarinos. Elas atuam como guardiãs e protetoras do amor. Vêm para curar e alimentar. Convidam-nos a buscar a infinidade de riquezas enterradas na caverna do nosso coração. O ponto fundamental desse naipe é abrir-se aos potenciais superiores do amor humano e divino.

ÁS DE CORAÇÕES

Ás de Corações

A essência do verdadeiro amor é, acima de tudo, a fé – fé na inefável reverência que nasce da união com o ser amado. Esse ser amado pode ser o seu eu interior ou outra alma humana. O significado primário do amor é aceitar o interesse total por outro ser. Para expressar essa empatia pelo outro, precisamos garantir o amor por nós mesmos em nosso coração.

Nessa carta, duas sereias, alegremente, fazem emergir do mar um Coração Alado. Ele é oferecido como um nascer do Sol inspirado, tocando a luz dourada do céu. Esse coração revela a aceitação do amor em seu mais elevado nível, pois o coração é o veículo da vida, enfeitado com as asas da liberdade espiritual.

O ás de qualquer naipe é sempre positivo. Essa carta afirma que uma nova oportunidade, na esfera do amor, está emergindo das profundezas do passado, simbolizado pelo oceano. Esse novo amor pode ser uma pessoa, uma ideia, a concretização de um sonho ou um novo empreendimento criativo. Abra seu coração para o que essa carta lhe oferece, pois ela detém a chave da exploração de dimensões superiores do amor universal. Tenha fé no amor, porque ele pode reconfortá-lo nas épocas de crise. O amor é como uma chama eterna, cuja luz firme sempre é capaz de guiá-lo nos períodos de escuridão pessoal. O amor está sempre aqui e não o abandonará jamais.

DOIS DE CORAÇÕES

Dois de Corações

A união sagrada e a atração no reino dos sentimentos são personificadas pela sereia e pelo tritão dessa carta. Um arco-íris une e equilibra os dois. Dois golfinhos, representando a inteligência do Universo, saltam sobre o arco-íris, ao mesmo tempo e com alegria. De acordo com o mito clássico, o golfinho foi colocado entre as estrelas como a constelação Delphinus, porque ele desempenhou o papel de casamenteiro, unindo a deusa do mar, Anfitrite, a Poseidon. Essa carta pode simbolizar o amor compartilhado entre duas pessoas ou os dois lados de uma pessoa que lutam por chegar à unidade e à integração. Portanto, o casamento, sob todas as suas formas, está associado a essa carta.

É nesse momento de união divina que encontramos o equilíbrio e a integridade na polaridade dos sexos. O dois, de qualquer naipe, favorece a possibilidade de ajustar a dualidade. Talvez, nesse momento, você tenha alguém em seu coração, alguém que considera um companheiro amado. Esse parceiro espiritual pode ser um parceiro real, um amigo, ou um despertar superior. Ao meditar sobre os significados mais profundos dessa carta, lembre-se de que seu próprio coração pode ser uma ponte de arco-íris de cores vivas e de luz, ligando-o à fonte da Divina Criança interior, e ajudando-o a curar antigas feridas no coração de um ente amado.

TRÊS DE CORAÇÕES

Três de Corações

De acordo com os antigos adoradores da Deusa, a criação do Universo teve origem no misterioso ritmo e na dança mágica das águas profundas. Os místicos orientais dizem que o verdadeiro eu, idêntico à divindade em eterna dança, habita a caverna do coração. Essa ligação entre o coração e o Eu Superior é uma importante faceta do fluxo evolutivo e da harmonia da vida.

Nessa carta, a risada de um molusco feliz produz bolhas que vão em direção à superfície, onde uma arca de tesouro enterrada, contendo imensas riquezas e joias, permanece fechada. Dois alegres seres do mar fazem travessuras ao som mágico que emana de uma harpa de concha, tocada por um terceiro ser marinho, uma sereia. Na tradição tântrica, o ritmo é chamado de o poder do som ou batimento cardíaco do absoluto. Esse som de batida é perceptível quando se sondam as profundezas do consciente. O Três de Corações é um chamado jubiloso que desperta em você o espírito de brincadeira, de imaginação e de amizade eterna.

Ao descobrir a criança que mora no seu coração, deixe seus sentimentos subirem como as bolhas. Faça essa criança saber o quanto é amada e valorizada. Respeite a dança íntima que você e essa criança dançam. Talvez brotem algumas lágrimas de alegria. Essa carta também pode significar uma comemoração ou uma festa. O número 3 simboliza o encontro de amigos e familiares. Ouça a música, e não se esqueça de dançar.

QUATRO DE CORAÇÕES

Quatro de Corações

Tesouros submersos, esperanças perdidas, corações partidos e despedidas tristes são, todos eles, aspectos da jornada emocional, com que necessariamente deparamos na vida. Esses são momentos de dor, mas que trazem em seu âmago as marés perpetuamente transformadoras da esperança. O coração partido é um coração aberto. Quando nos dispomos a permitir que as emoções profundas fluam, a contrapartida inevitável é uma dádiva de amor. O pesar prenuncia a alegria. Esse é o aspecto doce e amargo do amor.

A meiga sereia dessa carta perdeu as esperanças. O barco que ela conduzia afundou durante uma tempestade e seu medalhão com o Coração Alado partiu-se. Daqui a pouco, ela olhará para cima e verá que suas três amigas vêm em seu socorro no dorso de golfinhos. O que parece perdido será reconquistado mais de mil vezes, à medida que ela reconstruir e descobrir um novo alicerce de fé e esperança em si mesma e na vida.

Muitas vezes, vemos as árvores e não enxergamos a floresta. Tesouros que jazem à nossa frente não podem ser encontrados enquanto não formos capazes de vê-los. Essa carta pode estar descrevendo uma situação emocional que você vive no momento. Conceda-se tempo para sentir essas emoções. Respeite sua introspecção. Com fé e esperança, uma nova revelação virá paulatinamente à tona para curar seu coração partido. Identificar-se com os próprios sentimentos é um passo crucial na estrada da vida.

CINCO DE CORAÇÕES

Cinco de Corações

Muitas vezes, nas nossas horas mais sombrias, há necessidade de reflexão e repouso, representados nessa carta pelas tartarugas marinhas, pelo oceano calmo e pela Lua crescente. Então, subitamente, acontece alguma coisa mágica. A sereia do Quatro de Corações, com sua dor e sua desesperança, abre no Cinco de Corações uma arca do tesouro, cuja oferenda é um Coração Alado especial. Ela contempla o pentáculo dourado no centro desse coração, simbolicamente uma estrela de iniciação, um reflexo de sua estrela-guia nos céus. O pentáculo é o mais amplamente reverenciado de todos os símbolos esotéricos. Tradicionalmente, seu significado diz respeito à perfeição da humanidade. O pentáculo pode atuar como um protetor espiritual e está associado ao significado místico do número 5. A principal propriedade inerente a esse número é a da mudança. Nessa carta, a sereia está vivenciando uma mudança de coração: está curando as mágoas do passado.

Quando ocorre uma mudança na sua vida, em particular no âmbito das emoções, é possível que você se sinta confuso e fragilizado. As mudanças que agora ocorrem na sua vida são guiadas e protegidas pelo sinal da estrela dourada que existe no centro do seu coração. Essa estrela é o seu Eu Superior. Esteja certo de que a criatividade se seguirá a esse intervalo de caos. Não se deixe abater pela melancolia. Imagine no futuro uma renovação do amor interpessoal e também divino.

SEIS DE CORAÇÕES

Seis de Corações

Segundo uma antiga crença, as cegonhas são os arautos da nova vida. É frequente vê-las em lagos e pântanos, originando-se daí a crença de que os espíritos das crianças não nascidas aguardam nesses locais, em busca de uma nova mãe ou de uma nova vida. Dessa forma, as cegonhas ficaram conhecidas como transportadoras de almas.

Nessa carta está ocorrendo algo sagrado. Cinco sereias dão-se as mãos e surgem do mar. A sexta sereia, voando em uma cegonha, lança uma corda salva-vidas. Em êxtase, as cinco emergem do oceano, que representa o inconsciente, para o ar e a luz do Sol, representando as revelações superiores. Elas se regozijam, rumando unidas para o céu. Trata-se de uma transição. É como se as emoções tivessem aflorado e agora estivessem sendo liberadas.

Imagine que o mar exigiu suas lágrimas e que o Sol está secando seus olhos. Trata-se de uma cura interior, e você a merece. O número 6 representa apoio, dedicação, responsabilidade e unidade. Pode também significar a necessidade de equilibrar sua vida emocional. Esse pode ser o momento de uma cura na família ou da solução do conflito com um ser amado. Uma ligação profunda e sincera com seus amigos ou com a sua comunidade pode estar em curso.

SETE DE
CORAÇÕES

Sete de Corações

O sete é um número místico que representa visões, sonhos e contemplação. Está associado aos sete chakras, às sete cores do arco-íris, aos sete pilares de sabedoria do Oriente Médio, às "Sete Irmãs" das Plêiades e às sete estrelas da constelação da Ursa Maior. A tranquila sereia dessa carta medita sob um arco de sete Corações Alados, em um templo submerso da Atlântida. Sua insígnia é uma estrela de sete pontas, simbolizando a luz da proteção e orientação espirituais. Em certo sentido, ela está sonhando acordada.

Quando você medita sobre as verdades e os segredos do Universo, pode fazer com que sua consciência ultrapasse as fronteiras do tempo e do espaço. Muitas vezes, a essa altura, você se torna ciente da divina abundância que vive no seu coração, bem como da necessidade de ter maior concentração e clareza. Essa pode ser uma ocasião para você interiorizar as energias físicas e fixar-se no "aqui e agora espiritual".

Recapitule o poder dos seus recursos ocultos e estabeleça um equilíbrio entre os desejos externos e as necessidades internas. Reserve um tempo para ficar só e alimentar sua alma. Crie o seu próprio espaço ou santuário, onde o caos exterior não possa penetrar. Doces mensagens podem chegar a você nesses momentos de sentimento intenso.

OITO DE CORAÇÕES

Oito de Corações

O símbolo do infinito representa a totalidade. Compõe-se de um lado direito, solar, e de um lado esquerdo, lunar, e pode denotar a união ou o equilíbrio entre os sexos. Em essência, é o dois transformando-se em um. Os antigos místicos diziam que esse símbolo indicava a presença de deuses ou deusas gêmeos. Esses gêmeos eram louvados como mágicos, curadores e anjos da fertilidade.

Nessa carta, espíritos gêmeos da água estão unidos pelo círculo profundo e transformador de poder e mudança. Embora a música das ondas atrás dos espíritos seja calma, elas sobem e descem num ritmo vigoroso e forte. Isso está representado pelas oito notas musicais com a forma de Corações Alados.

A combinação dessas forças opostas é a chave para entender a transformação pessoal. O número 8 é em si um signo do infinito e representa paixão, sexualidade, poder e regeneração. Entenda que você tem tanto energias masculinas como femininas na sua psique. Se cada um de nós usasse conscientemente seus dotes sexuais e de poder de forma construtiva, juntos criaríamos um mundo mais seguro e menos destrutivo. Essa carta pede que você encontre o equilíbrio espiritual e emocional no reino dos sentimentos. Uma profunda mudança o aguarda no momento em que você integrar o senso de poder pessoal com a serena compreensão do fluxo universal da vida. A harmonia interior pode levá-lo a um estado de divino contentamento e fazer com que se manifeste o seu potencial como um talentoso curador.

NOVE DE CORAÇÕES

Nove de Corações

Um poço, um vaso ou um caldeirão podem ser os recipientes das águas sagradas para rituais, bênçãos, purificações e curas. A água é a essência de toda a vida. A resposta à pergunta de quem deseja saber se a taça está meio cheia ou meio vazia depende de como se encara a vida em dado momento. Essa é a pergunta feita a você agora.

Com essa pergunta, um desejo pode ser concedido a você. No tarô tradicional, muitas vezes se considera o Nove de Copas como a "carta do desejo". Seu desejo deve refletir o que você sente que merece na vida, aquilo de que realmente gosta, e até que ponto você se ama. Formular um desejo é uma forma de aferir quão bem você está buscando a sua realização individual. Você consegue aceitar uma vida feliz? Esta não é uma pergunta fácil de responder e requer um exame cuidadoso. Às vezes, é preciso que feridas antigas cicatrizem para que possa transformar-se no que deseja. Perdoar a si e aos outros é um passo em direção a uma realização maior.

A sereia dessa carta está segurando um vaso junto à cachoeira, para enchê-lo. Ela atingiu o ponto de aceitação da sua vida e está pronta para que sua taça transborde. Segure a sua taça no alto, junto às águas da vida, e ouse enchê-la totalmente. Imagine a possibilidade de amor, alegria e sabedoria ilimitados derramando-se no seu coração. Essa pode ser uma época de iniciação ou de purificação espiritual na sua vida. Acredite em milagres e siga seus sonhos.

DEZ DE
CORAÇÕES

Dez de Corações

Há um momento em que você alcança o pote simbólico de ouro ou sente no coração o arco-íris multicolorido da esperança. Este é um momento ou a transição em que você pode dizer um sincero "Obrigado!" aos iluminados anjos que são os seus guias e protetores através dos anos.

Nessa carta, nove Corações Alados iluminam a aura de uma jubilosa sereia, que tem na testa o décimo coração, significando a abertura do terceiro olho, ou centro *ajna*. Ela despertou para os sentimentos do amor e da devoção à humanidade. O número 10 desse naipe representa a potente transformação que inevitavelmente conduz ao renascimento emocional.

Seus desejos e sonhos podem tornar-se realidade, ou você pode estar se esforçando, nesse período, para atingir uma meta importante. É preciso aceitar uma responsabilidade especial ao buscar encher a taça, pois é a esta altura que a realização pessoal pode ser devolvida ao todo maior da humanidade. Isso permitirá que você se torne acessível às águas espirituais do amor universal e da cura divina. Você poderá, então, oferecer essas belas dádivas à sua família, à comunidade em geral e ao planeta. Levante os braços ao céu e deixe que as ondas da sublime alegria encham seu coração.

CRIANÇA DE
CORAÇÕES

Criança de Corações

Cachinhos Dourados

Na nossa eterna busca de abrigo e segurança, muitas vezes temos curiosidade sobre a vida íntima ou as qualidades essenciais de outros seres. A história "Cachinhos Dourados e os Três Ursos" mostra-nos o modo de vida ordenado de ursos de diferentes tamanhos, com tigelas de mingau, cadeiras e camas, também de diferentes tamanhos. Os ursos elaboraram um sistema ritualista que resultou num estilo de vida um tanto rígido, mas natural e harmônico.

Cachinhos Dourados representa a curiosidade, a inocência e a avidez da criança na sua busca pela verdadeira noção de lar, identidade e laços familiares. Ela espreita a cabana dos ursos através de uma janela, que simboliza o olho universal ou o espelho que reflete uma sabedoria maior. Cachinhos Dourados é a criança dentro de todos nós, a Criança de Corações que tem uma bela visão de outro mundo.

Durante alguns momentos, ela fica tão fascinada por esse reino que se sente suficientemente confiante para experimentar a comida dos ursos, sentar em suas cadeiras e até dormir em suas caminhas; seu coração sensível encontra um local temporário de repouso. No entanto, quando os ursos voltam de suas andanças diárias, descobrem a intrusa em sua casa. Cachinhos Dourados, ao ser descoberta, foge. Ela provoca uma crise na ordem estabelecida, mas aprende uma grande lição a respeito de apoio, segurança e afinidades.

Quando Cachinhos Dourados aparecer em uma leitura, abra seu coração infantil ao espírito do lar e da família. Seja mais tolerante em relação ao estilo de vida dos seres amados. Explore seus sentimentos profundos com efusividade e deslumbramento. Veja o mundo de um novo ponto de vista privilegiado. Perceba que o senso de organização e estrutura dos três ursos pode refletir seus próprios padrões de comportamento e hábitos cristalizados. Pode ser que você esteja para receber a visita de um hóspede ou de um amigo. Você vai afugentar o novo companheiro ou acolhê-lo de braços abertos?

O EXPLORADOR DE CORAÇÕES

Explorador de Corações

O Homem de Lata

Quando Dorothy encontra o Homem de Lata em *O Mágico de Oz*, vê que ele é muito frio. O funileiro que o fabricou esqueceu de dar-lhe um coração. O Homem de Lata precisa desesperadamente de óleo, ou seja, as emoções bloqueadas provocam rigidez e dor. No decorrer da história, o Homem de Lata chora. Suas lágrimas, que antes o teriam enferrujado, são como óleo que escorre – o elixir do amor e da dor que cura as feridas do passado. Na Estrada de Tijolos Amarelos, o Homem de Lata busca um coração com o qual possa amar, ser alegre, dançar e cantar. No entanto, o Mago diz que ele não imagina o quanto é afortunado por *não* ter coração. "Os corações jamais serão práticos enquanto não forem inquebráveis", opina ele. Mas o Homem de Lata continua querendo um coração, pois sem isso nunca será totalmente humano. O Mago brinda-o com mais uma pérola de sabedoria: "Não se julga um coração pelo quanto você ama, mas pelo quanto você é amado pelos outros".

No Explorador de Corações, o Homem de Lata veste uma armadura que lhe serve de escudo e proteção contra o estranho mundo dos sentimentos. Seu cavalo sugere a liberdade da alma, transportando o Homem de Lata na importante busca da sua vida. A pomba, um mensageiro divino de paz e tranquilidade, carrega o coração que fará do Homem de Lata um verdadeiro membro da humanidade em evolução.

Quando o Homem de Lata aparece em uma leitura, abra mais seu coração. Regozije-se com a oportunidade de viver uma iniciação no reino dos sentimentos, da devoção e da compaixão. Lembre-se de expressar suas emoções. Chorar é revelar a dor que vive no âmago de toda alma humana. Seja um explorador de corações e encontre formas de animar amigos e parentes em dificuldades. Como um guerreiro do amor universal, você tem um peculiar dom espiritual a oferecer a todas as pessoas que encontrar na estrada da vida.

O GUIA DE CORAÇÕES

Guia de Corações

A Bruxa Boa do Norte*

Nas épocas de infortúnio, ou naqueles momentos extremos e decisivos da vida conhecidos como "a noite escura da alma", podemos perder de vista nossos guias e mestres. Aparentemente privados de qualquer apoio palpável, podemos nos sentir totalmente perdidos, completamente desnorteados. Então, talvez na undécima hora, um raio de luz e esperança irrompa brilhando. A resposta às nossas preces chega num clarão, como se fosse um raio, ou a visitação de um espírito protetor nos proporciona a liberação.

Em *O Mágico de Oz*, A Bruxa Boa do Norte desempenha um papel pequeno, porém vital, e de importância fundamental. Como anjo da guarda de Dorothy, a Bruxa Boa espera pacientemente nos bastidores, acompanhando as aventuras da menina e cuidando do seu bem-estar. Ela permite que Dorothy aprenda as lições por si mesma, e diz isso à menina no final da história.

Dorothy ainda não tem ideia do que fazer para voltar para junto de sua Tia Em e para a casa da fazenda, quando o Espantalho, que significa a mente e a razão, olha para cima e vê a chegada da Bruxa Boa. A Bruxa

---

* Os autores se referem especificamente a Glinda, a Bruxa Boa do Norte, presente no filme de Victor Fleming, de 1939, interpretada pela atriz Billie Burke (1884-1970). É importante especificar porque há outra Bruxa Boa no livro *O Mágico de Oz*, de L. Frank Baum, de 1900, por vezes chamada de Tattypoo ou então Locasta. (N. do RT.)

Boa diz a Dorothy que ela sempre teve a capacidade de voltar para o Kansas. Bastava, para isso, bater os sapatos mágicos três vezes e repetir: "Não há lugar melhor que o lar". A chave dos maiores enigmas da vida está sempre encerrada no nosso coração. Se seguirmos o caminho do coração, saberemos o que fazer e quando fazê-lo.

Na carta Guia de Corações, o mágico, na esperança de levar Dorothy para casa, sem querer sai da Terra no seu balão, deixando a menina para trás. Ao mesmo tempo, a Fada Boa do Norte chega do céu, acenando sua varinha mágica celestial e restituindo a Dorothy a fé em seus próprios poderes mágicos.

Quando a Fada Boa aparece em uma leitura, ajudantes invisíveis e espíritos angélicos estão enviando amor para você. Não se desespere se um problema parecer insolúvel. Acredite em si mesmo. Aquiete a mente e deixe que uma resposta intuitiva se materialize na sua imaginação. Um símbolo, um arquétipo ou alguém especial pode ser seu elo com a felicidade. Lembre-se do velho ditado: "O lar é onde está o coração". Entenda que você, no íntimo, pode ser uma Fada Boa disfarçada. Suas palavras tranquilizadoras, seu toque suave e seu exemplo inspirador podem fazer um amigo ou ser amado sair da escuridão e entrar na luz.

A GUARDIÃ
DE CORAÇÕES

Guardiã de Corações

Gabriela

O Arcanjo Gabriel – que nessa carta é apresentado em uma versão feminina, como Gabriela – é o principal revelador dos mistérios divinos à humanidade. Foi esse arcanjo que ajudou Daniel a interpretar os sonhos e visões no covil do leão. Gabriel também apareceu a Zacarias, anunciando o próximo nascimento de João Batista. E esse importante embaixador celeste apareceu a Maria, dizendo que seu filho, Jesus, seria o Messias há tanto esperado pelo povo judeu. No Apocalipse, é Gabriel quem toca a trombeta da ressurreição, pedindo que os seres humanos superem a antipatia e abracem um ao outro com amor altruísta e compaixão.

O nome *Gabriel* significa, na verdade, "herói de Deus". Muitas vezes retratado portando um lírio, um cetro ou um pergaminho sagrado, esse arcanjo traz boas-novas aos crentes, bem como julgamento ou clemência aos que cometerem pecados e maldades. Gabriel ajuda os seres humanos a unir o espírito e o corpo através das revelações e percepções que têm origem no coração. Gabriel impregna a alma humana da visão da sabedoria divina, na esperança de incitar a personalidade a levar uma vida de mais devoção e serviço. A força desse arcanjo atinge o ponto máximo quando o Sol transita em Capricórnio, e a Terra, em oposição ao Sol, passa pelo signo de água de Câncer. Gabriel tem forte associação com reino lunar mágico, os ciclos da vida e as correntes oceânicas.

Nessa carta, Gabriela, com asas multicoloridas, é a Guardiã de Corações. Ela é uma sereia de cabelos dourados, fazendo soar a música harmoniosa que trará as focas e outras criaturas do mar para o mundo da superfície. Ela porta o Santo Graal do amor universal e da bondade humana.

Quando Gabriela aparece em uma leitura, ouça o chamado para o renascimento espiritual. Observe os símbolos inspiradores dos sonhos e as histórias que lhe pedem para despertar para uma vida superior. Seja compassivo com aqueles que parecem ser os mais vulneráveis e desafortunados. Você pode ser um professor, cujas palavras, canções e suave toque curam os entes queridos. Construa uma ponte multicolorida de amor e compreensão entre você e seus amigos do mundo todo.

Os Cristais da Terra

Naipe de Ouros

Os Cristais da Terra correspondem ao tradicional naipe de terra do tarô, conhecido como Pentáculos ou Ouros. Eles representam o plano físico, ou o corpo material, o dinheiro e a segurança. Os cristais nos oferecem muitas perspectivas sobre a maneira de manifestarmos nossas riquezas.

Nos tempos antigos, eram frequentes as referências aos cristais como veios da terra, água congelada ou luz congelada. Os cristais podem ser grandes curadores de nossos corpos físicos e da terra em que vivemos.

No folclore alemão, os gnomos são considerados espíritos da natureza associados ao elemento terra. Diz-se que eles vivem em minas, cavernas e montanhas, e embaixo de árvores e florestas. Seu conhecimento e seu poder são milagrosos no que diz respeito a cristais, gemas e minerais. Atuam como espíritos guardiães que fortalecem os alicerces do planeta.

Os gnomos retratados do começo ao fim desse naipe apresentam outra visão da vida humana. As cartas mostram gnomos crianças, adultos e velhos, trabalhando, brincando e criando um lindo mundo com os encantos da terra. Sob muitos aspectos, esses gnomos simbolizam a junção harmoniosa da família da humanidade e do mundo da natureza.

ÁS DE CRISTAIS

Ás de Cristais

Dizem as lendas e o folclore do Norte que, durante os meses de inverno, quando a Terra está silente e adormecida, embaixo da cobertura de neve os gnomos se ocupam da tarefa de criar cristais com a luz da Lua, do Sol e das estrelas. Quando chega o renascimento da primavera, os gnomos oferecem essas preciosas gemas ao céu, e com as suaves chuvas da primavera, produzem-se magníficos arco-íris.

O gnomo trabalhador dessa carta desenterrou um lindo cristal para você. Chegou a hora de aceitar a promessa de esperança, unidade e abundância oferecida por esse cristal. O arco-íris no céu é a ponte que une céu e Terra e representa a harmonia de todos os povos. Os chineses davam ao arco-íris o nome de *t'ai chi*, ou "o grande final", que une o yin e o yang.

Quando o Ás de Cristais aparece em uma leitura, está sendo trazido à superfície um grande potencial, e há enormes possibilidades presentes na sua vida, pois essa carta representa um dinâmico renascimento no plano físico. Você pode estar dando início a alguma coisa mágica, seja um bebê, uma empresa, um livro, um relacionamento, ou uma nova fase de autoexpressão. Você está abençoado pela presença do glorioso cristal que lhe é trazido por esse humilde gnomo. O Ás de qualquer naipe diz "Sim!". Comece de novo. Muitas ideias e sonhos que ficaram ocultos durante anos agora são revelados. Junte-se à luz de um novo dia. Seja abençoado.

DOIS DE CRISTAIS

Dois de Cristais

O equilíbrio é parte integrante da filosofia das antigas culturas. É tão importante que está representado no signo zodiacal de Libra. Esse signo representa justiça, equidade, elegância, proporção e cooperação.

As crianças gnomos dessa carta estão brincando com a popular gangorra. Para que o jogo seja divertido, é preciso que os pequenos gnomos observem as regras do equilíbrio e da cooperação; caso contrário, o jogo pode ficar perigoso. O balanço vazio do fundo representa a atividade independente de uma só pessoa. Na gangorra, duas pessoas se juntam – simbolizando a união dos atributos masculinos e femininos – para aprender as lições da polaridade e do relacionamento. Para terem êxito, é preciso que trabalhem em equipe e se apoiem mutuamente.

Essa carta representa o primeiro estágio da interação consciente. A coruja, pousada na metade do tronco, significa a sabedoria do meio-termo, condição indispensável para as pessoas que buscam entendimento e igualdade no relacionamento. É inerente a essa carta a necessidade de comunicação interpessoal e o reconhecimento de que os altos e baixos são uma parte vital da vida cotidiana. O processo é ao mesmo tempo interno e externo; seu segredo é chegar a um procedimento natural que beneficie todos os envolvidos.

Seja bastante atencioso consigo mesmo, com seus relacionamentos e com sua saúde, ao receber essa carta. Exercitar a mente, o corpo e o espírito pode conferir-lhe agilidade para ter equilíbrio, quer sozinho, quer com um parceiro. A vida pode parecer uma gangorra, mas mesmo assim você pode se divertir a valer se a sua atitude for de alegria.

TRÊS DE
CRISTAIS

Três de Cristais

Para pular corda são necessárias três ou mais pessoas; essa é uma das várias brincadeiras da infância que incentivam o aprendizado de versos e canções, e que nos fazem rir. O jogo sintetiza o comportamento ativo e passivo, pois as crianças se revezam para bater e pular a corda. Sob muitos aspectos, trata-se de um reflexo das leis comunitárias no melhor sentido. Todos precisam participar para manter o ritmo e a constância de movimentos. O número 3 representa a atividade em grupo, a comunicação e a alegria.

Essa carta simboliza o espírito comunitário e a satisfação que se obtém quando todos os envolvidos têm uma participação pessoal. A corda usada nessa ilustração é um arco-íris, representando uma ponte ou arco que pode conduzir à harmonia do mundo.

Quando o Três de Cristais aparece em uma leitura, pode ser hora de você redefinir seu propósito na comunidade e, alegremente, compartilhar a sabedoria e os dons que você tem a oferecer. Filie-se a grupos. Vá conhecer as famílias e as crianças do seu bairro. Fale sobre sua vida com pessoas de mentalidade semelhante à sua, que valorizem e respeitem sua visão da vida. Se você não tiver encontrado ainda a sua turma ou círculo especial de amigos, pode ser proveitoso, nessa época, intensificar sua alegria a fim de fortalecer a autoconfiança e suas capacidades pessoais. Acima de qualquer outra coisa, lembre-se de brincar.

QUATRO DE CRISTAIS

Quatro de Cristais

Descobrir o centro de gravidade da alma é importante, o núcleo mágico que traz à tona a vontade criativa. Essa aceitação ajuda-nos a construir o mundo de acordo com nossos mais profundos valores e princípios norteadores. A responsabilidade pessoal e os atos construtivos são os passos iniciais da criação de uma bela vida para nós mesmos e para os outros.

As crianças gnomos que aparecem nessa carta estão atarefadas, construindo uma casa com várias ferramentas e demonstrando espírito de cooperação. O alicerce da casa é uma macieira, que simboliza a Árvore da Vida. Na mitologia grega, a macieira é um símbolo de abundância.

Uma nova consciência está sendo formada. Na Tailândia, muitas pessoas, ao construírem suas casas, fazem também réplicas das construções para servirem de moradia aos espíritos. Esses modelos em miniatura são chamados "casas dos espíritos". Essa antiga prática acolhe os anjos da guarda da casa e molda talismãs para o poder de luz máxima do amor e da verdade universais. Graças à percepção adquirida com essa prática, os membros da família conseguem adquirir força interior e respeito por todas as formas de vida.

Esses gnomos estão muito concentrados. Levam seu trabalho a sério. Têm uma ideia que estão colocando em prática. O que está sendo construído na sua vida? Que ideia você traz no seu íntimo? Seja ela qual for, concentração, responsabilidade, dedicação e diligência são os quatro cantos em que você precisa se assentar para atingir suas verdadeiras metas.

CINCO DE
CRISTAIS

Cinco de Cristais

Nessa carta, um sábio vovô gnomo está dando o toque final em uma mandala sagrada, colocada no alto de uma casa de árvore. O desenho da mandala tem dois elementos: um pentáculo e círculos dourados. Os círculos e a estrela, juntos, formam um padrão que indica a união da Terra e do céu. As cinco pontas da estrela representam nascimento, iniciação, serviço, descanso e transformação. Esse símbolo é usado nas casas como um belo emblema ou vitral, porque representa a evolução da humanidade e é um escudo protetor.

O vovô gnomo assobia uma melodia alegre, pois concretizou sua ideia de beleza. As maçãs da árvore estão maduras, mostrando a realização de uma tarefa bem executada. Os pássaros são os mensageiros das recompensas da liberdade espiritual que resulta de uma vida bem estruturada.

Aceite pressurosamente as dádivas oferecidas nessa carta. Lembre-se de colher os potenciais maduros que a vida lhe revela nesse momento. Deixe que eles se manifestem. A criatividade está no âmago da sua existência. Se quiser, experimente, como um novo *hobby*, trabalho com vitrais, cerâmica, marcenaria, costura ou outros tipos de artesanato. Sobretudo, ao buscar canais criativos de expressão, mantenha contato com as maravilhas da Terra e toda a sua beleza celestial.

SEIS DE
CRISTAIS

Seis de Cristais

Os seis gnomos dessa carta decidiram atingir juntos um grande objetivo – chegar ao topo de uma montanha. Um dos gnomos já chegou ao pico. Lá o aguarda a visão de um radiante floco de neve, uma maravilha da natureza em forma hexagonal. A estrela de seis pontas, ou hexagrama, também é chamada "a Flor de Afrodite", "a Estrela de Davi" e "o Selo de Salomão". Na matemática pitagórica, o número 6 é considerado o único número "perfeito" entre 1 e 10. Ele significa sabedoria divina, harmonia, proporção e equilíbrio entre as dimensões feminina e masculina da consciência.

Essa carta dá ideia de um êxtase, devido ao sucesso final que retrata. O trabalho em grupo, a perseverança, a lealdade e a orientação para objetivos são componentes fundamentais de quem procura chegar a alturas aparentemente impossíveis de atingir. O número 6 pode se referir às experiências de pico. Em geral, sua natureza é expansiva e positiva.

Quando você receber o Seis de Cristais, trata-se de um sinal para redobrar os esforços no sentido de atingir metas importantes. A escalada pode ser árdua, porém a recompensa será farta. Lembre-se de respeitar o processo e de ter fé em si mesmo. Se o seu trabalho for executado com humildade e por um objetivo mais que meramente pessoal, você pode esperar grande satisfação e felicidade nos anos que virão. Em um plano elevado, essa carta representa o serviço global e o ideal de harmonia mundial, simbolizado pelo belo floco de neve.

SETE DE
CRISTAIS

Sete de Cristais

Acender uma vela é um gesto simbólico. Representa o momento que precede a iluminação da alma. O solstício de inverno* é um marco sagrado do ano, e muitas vezes cai perto do "Festival das Luzes" dos judeus, conhecido como Chanukah. No solstício, fazem-se preces e celebrações em honra do renascimento do Sol e do novo alvorecer do Eu Superior. Nessa ocasião, pode-se sair do isolamento ou da escuridão; é o momento em que são lançadas as sementes espirituais da luz e da unidade, o momento em que podem florescer as flores da sabedoria.

A moça gnomo dessa carta está criando para si um santuário, um lugar onde possa voltar-se para dentro e buscar paz, clareza e visão em seu íntimo. Ela está passando por um período de contemplação, no qual pode ir até o fundo do seu autoconhecimento, a fim de criar luz, usando a verdade e a sabedoria. A transformação interior está representada pelo tapete em forma de arco-íris onde ela está ajoelhada. As sete velas são como uma Menorah. Simbolizam "lâmpadas" ou "guias" que ajudam a iluminar o processo.

Permita a si mesmo um tempo de espera ou descanso. Deixe que a luz dessas velas reflita o brilho de sua jornada interior. Entre em sintonia com você mesmo e confie que tudo está bem. A paciência é uma virtude capital. Essa pode ser uma época de pausa, ou uma fase em que você readquire forças para a próxima aventura ou percepção de vida. Fique sossegado e deixe que a verdade interior se revele.

---

* Os autores referem-se ao solstício de inverno no Hemisfério Norte, que ocorre por volta do dia 21 de dezembro.

OITO DE CRISTAIS

Oito de Cristais

Observar a precisão de um patinador artístico é inspirador. O tempo e o treino que o esporte exige ficam evidentes quando se veem a elegância e a boa forma demonstradas pelo patinador sobre a superfície congelada. Quando o patinador desliza e dança sobre o gelo, ele parece estar unido a um grupo de anjos, girando alegremente no vórtice cósmico da vida. O patinador artístico exemplifica a perfeita união ou equilíbrio entre a natureza e a humanidade.

Profundas mudanças e transformações - representadas pelo número 8 - acontecem para a pessoa dedicada que atinge a excelência em uma área especializada. Quando a inspiração é desse nível, a influência da grandeza afeta a comunidade em geral. Esse é o uso final das habilidades que podem transfigurar o mundo. Quando as pessoas estão dispostas a lutar pelo sucesso nas esferas da arte, da educação e do serviço social, a humanidade começa a concretizar seu potencial de depositária do divino amor e sabedoria no nosso planeta.

A criança patinadora dessa carta está formando o desenho de um oito, o antigo símbolo do infinito (muitas vezes desenhado como uma serpente duplamente enrodilhada que morde a própria cauda). No Oito de Cristais, esse desenho representa o infinito potencial do ser humano. Quando essa carta aparecer em uma leitura, examine as regiões mais profundas da sua vida para descobrir os dons que você pode mostrar ao mundo. Deixe que suas habilidades ocultas e suas capacidades criativas se manifestem plenamente.

NOVE DE
CRISTAIS

Nove de Cristais

O fogo brilha intensamente na lareira da cabana do gnomo dessa carta, enquanto o clima de excitação e espera da véspera de Natal enche o ar. Aproxima-se a conclusão de um estágio. Foram muitos os preparativos para obter como resultado um feriado festivo e caloroso. A esperança em gestação e o deslumbramento pelos presentes que virão instilam uma sensação de espanto, ao se avizinhar a manhã do Natal. Mamãe gnomo está grávida, e sua vela simboliza a luz da nova alma que está prestes a nascer. Os presentes embaixo da árvore ainda não estão embrulhados, e as meias presas à lareira ainda estão vazias. As nove meias na lareira representam uma profunda receptividade às forças superiores, enquanto as nove velas que iluminam a bela árvore de natal transformam-na em um cristal resplandecente. A menininha gnomo aguarda com ansiedade a chegada de Papai Noel, mas sabe que precisa dormir e entregar-se a outro mundo de sonhos antes da chegada dessa oferenda mágica. A expectativa está em toda parte.

O Nove de Cristais assinala o período da vida em que está próximo o divino potencial do futuro. Mamãe gnomo está lendo uma história para a filha. Quando tirar essa carta, entenda que você também se destina a ser o contador de histórias da sua vida. O grau de consciência da história está em proporção direta com o grau de consciência de quem a conta. Em que novo tema, conto de fadas ou aventura você vai embarcar agora? Ao entrar nesse período de conclusão, confie na bondade do que ainda está para se manifestar na sua vida. Um presente mágico, uma amizade especial ou uma nova oportunidade podem estar a caminho.

DEZ DE
CRISTAIS

Dez de Cristais

O dia do Natal tem, em potencial, grandes alegrias e expectativas. Os sonhos podem se realizar, e o reavivamento dos laços de família e das amizades introduzem calor e amor no lar. Nessa carta, todas as meias já foram enchidas, e outra, pequenininha, está sendo pendurada para festejar o nascimento do bebê gnomo. Papai gnomo põe fogo na lenha da lareira para aumentar a luz e a alegria de sua família e da comunidade reunida. Todos os presentes foram abertos, e as crianças contemplam encantadas os tesouros que ganharam. A menina gnomo senta-se sobre um tapete em forma de arco-íris olhando para um extraordinário cristal. É um dia luminoso, o Sol está alto e a família se regozija.

Deixe que a cena do Dez de Cristais aqueça seu coração. As comemorações e festas de todas as tradições reúnem as pessoas. Instilam um sentimento especial de gratidão, cuja origem é a vontade de desfrutar de ligação e amor com todo o Universo. Abra os presentes que a vida lhe reservou. Se quiser, rememore antigos rituais e bênçãos, que podem acender novas chamas da sua imaginação criativa. Suas preces e pensamentos curadores podem reanimar muitas pessoas no mundo todo. Procure ajudar os menos favorecidos e as pessoas em situação de rua, assim como os que podem estar deprimidos e necessitados de ajuda. Seja grato por todas as bênçãos que lhe foram concedidas pelos anjos, por ajudantes invisíveis e pelos mestres superiores no decorrer de toda a sua vida.

CRIANÇA DE
CRISTAIS

Criança de Cristais

Huckleberry Finn

Criança de Cristais, representada por Huckleberry Finn, a encantadora personagem de Mark Twain, é nossa parte não domada, que anseia por aventuras e por uma relação não civilizada com a Terra. Nos estágios iniciais da conscientização, somos introduzidos aos conceitos de fartura, honestidade, limites, experimentação e responsabilidade no plano físico. A maneira como lidamos com esses atributos têm relação direta com o nosso amadurecimento depois da fase da infância.

Huck Finn é o proverbial garoto malandro, filho do bêbado da cidade, que se revolta contra os ditames das convenções sociais. Nas aventuras de Huck no rio Mississippi, surgem muitos temas simbólicos relativos à liberdade – a dele e a do escravo negro Jim – e a busca por uma vida melhor. A questão do uso criterioso dos recursos da terra entra em cena quando Huck e seu companheiro Tom Sawyer encontram o dinheiro que fora escondido por ladrões em uma caverna. Como recompensa, cada um recebe 6 mil dólares em ouro. O juiz determina que eles receberão um dólar por dia. A vida de Huck é feita de engenhosidade, tentativa e erro, e do desejo de continuar sendo criança em espírito. No fim das contas, podemos nos identificar com o fato de Huck se recusar a crescer, enquanto ele vai passando por obstáculos e triunfos em sua iniciação à idade adulta. Huck Finn é um lembrete da alma terrena dentro de nós. É o reflexo no espelho da rusticidade da natureza e da independência de espírito personificadas pelo grande deus do mundo pagão, Pã.

Na carta Criança de Cristais, Huck está pescando no Mississippi num dia ocioso de verão. Pode-se dizer que ele está pescando um novo conhecimento na corrente de sabedoria da consciência humana. Como Criança de Cristais, ele tem vários amigos animais, um fiel estilingue e uma tranquilidade que nos lembra as harmoniosas vibrações da Mãe Natureza.

Quando a carta de Huck aparecer para você, deixe que seu lado aventureiro corra solto. Faça excursões pelos bosques. Troque o mundo da civilização pelos grandes espaços abertos. Reme numa canoa rio abaixo. Faça a si mesmo algumas perguntas difíceis sobre sua liberdade pessoal, a sensibilidade e habilidade com que você utiliza seus dons físicos, e os medos que possa ter sobre a participação responsável na sociedade. Tente imaginar onde você está agora ao longo do sinuoso rio da vida.

O EXPLORADOR DE CRISTAIS

Explorador de Cristais

O Leão Covarde

Todos nós acabamos descobrindo a enorme quantidade de coragem necessária para enfrentar os obstáculos ao longo da estrada da vida. Ao rumarmos para o futuro, vamos nos lembrar da história do Leão Covarde em *O Mágico de Oz*. Dorothy encontra-o nos bosques, aparentemente muito prevenido e confiante. Ao ver que suas táticas de intimidação não funcionam, o leão se vê confrontado com seus próprios medos e vulnerabilidades. Ele sai em busca do Mágico, com Dorothy, o Homem de Lata e o Espantalho, para conseguir um pouco de coragem.

No decorrer da história, a bravura que o leão demonstra para salvar Dorothy da Bruxa Má do Oeste faz com que ele se transforme. Como em muitas fábulas e contos de fadas, sua coragem e seu magnífico, verdadeiro eu afloram durante a viagem, quando seus amados companheiros pedem-lhe para servi-los e protegê-los. Ele já não precisa de sua antiga fachada ao deparar com situações de risco de vida, que é preciso enfrentar com verdade, valor e honra.

Na carta Explorador de Cristais, o Leão Covarde está viajando pela Estrada de Tijolos Amarelos e recebendo uma grinalda de flores, uma coroa por suas realizações. Há uma forte ligação entre essa imagem e a carta A Bela e a Fera. Se as duas cartas aparecem juntas, é sinal de uma grande lição sobre o poder espiritual que deve ser assumido.

Se o Leão Covarde aparecer para você, lembre-se de usar a força e o poder ocultos de que dispõe. Às vezes, é preciso expressar esse poder com suavidade; em outras ocasiões, é preciso afirmá-lo com veemência e paixão. O falso orgulho e o egoísmo que talvez você projete, por medo e por dúvida, encontram seu melhor substituto na louvável disposição em sentir sua própria dor. Deixe transparecer o brilho da verdade interior de sua alma radiante. Exatamente como o Leão Covarde, você será coroado com a coroa do vencedor, indicando glória e vitórias duramente conseguidas.

GUIA DE
CRISTAIS

Guia de Cristais

Papai Noel

Embora Papai Noel pareça ser um personagem vinculado à cultura, cujo significado degenerou para um total materialismo, a verdadeira essência de São Nicolau e Papai Noel tem sua fonte nas origens divinas do nosso planeta. Nos círculos esotéricos, diz-se que o nome do "regente da Terra" é Sanat Kumara. Considera-se esse ser o Senhor do Mundo, cujo reflexo especular pode ser Lúcifer, o anjo caído, ou Satã. Observe que, em inglês, *Santa* (de Santa Claus, Papai Noel) e *Satan* (Satã) são anagramas de *Sanat*. Cada um desses nomes tem cinco letras, sendo 55 o seu valor numérico.

A estrela de cinco pontas em posição vertical, nas tradições ocultas, é símbolo do ser humano que evolui para a iluminação espiritual. Toda alma humana é uma estrela em miniatura: a cabeça humana, os braços e as pernas representam uma expressão quíntupla dessa alma no mundo. Como Sanat Kumara preside nosso planeta nos níveis invisíveis de existência, Papai Noel - O Senhor do Polo Norte ("centro da cabeça" espiritual ou válvula de entrada da Terra) é uma expressão legendária ou mítica desse ser. O verdadeiro Sanat Kumara trabalha nos bastidores para proteger e alimentar a humanidade.

Historicamente, houve um São Nicolau, nascido no século IV d.C., numa família rica na Ásia Menor. Tornou-se conhecido pela santidade, pelos milagres e pelo zelo. Também foi feito prisioneiro por ser de fé cristã. Parte do objetivo de sua vida era converter os pecadores, dividir sua riqueza com os pobres e aumentar a caridade entre a população. Sua figura acabou chegando até nós como patrono dos marinheiros vítimas de tempestades, dos prisioneiros e das crianças. Graças à sua generosidade, as crianças começaram a dar presentes na época do Natal, e seu nome foi transformado, pelos holandeses, em Santa Klaes e depois Santa Claus.

A imagem de Papai Noel, na carta Guia de Cristais, com sua graciosa barba branca, é semelhante à imagem do Avô Tempo, o guardião das esperanças e dos sonhos, que tem em seu poder a chave da manifestação em potencial. O coelho da carta denota fertilidade. O naipe de Cristais da Terra está impregnado da mensagem da colheita da Terra, do crescimento, da produtividade e da reprodução. São Nicolau é a versão dos Arcanos Menores da carta V - O Hierofante - que faz a ponte entre os mundos material e espiritual, incentivando-nos a aspirar à sabedoria para criar fartura na Terra.

O aparecimento dessa carta em uma leitura sugere que você foi abençoado de muitas formas. Explore o poço da abundância e da bondade, que está à sua disposição o tempo todo. Espere milagres - a realização de seus desejos é uma possibilidade. Lembre-se da magia da crença. Reavive o seu senso infantil de expectativa. Quando a oportunidade bater à porta, suas esperanças e preces podem ser respondidas. Seja generoso. Seja bom. Seja grato.

»

A GUARDIÃ
DE CRISTAIS

Guardiã de Cristais

Gaia

O naipe Cristais da Terra e *O Tarô da Criança Interior* terminam com Gaia, a meiga zeladora do planeta Terra. Nela há eterna fartura, reverência e sabedoria. Sua proteção cobre toda a família humana e todas as criaturas da natureza. Ela trabalha constantemente para manter o delicado equilíbrio ecológico e reinstaurar a harmonia interior na atmosfera, na água e no solo poluídos de todo o globo. Causa-lhe sofrimento o fato de os seres humanos destruírem as florestas tropicais e exterminarem belas criaturas marinhas, corujas, elefantes e outros seres por razões egoístas.

A Guardiã de Cristais é chefe de Estado, mestra, política, advogada, médica ou curadora espiritual do mais alto nível – alguém que tem visão universal e uma perspectiva panorâmica da vida. No final do século XX, muitos cientistas despertaram para uma nova visão da vida sobre o planeta Terra, apresentando a chamada "hipótese Gaia". Eles aceitaram, por fim, o que milhões de pessoas espiritualmente conscientes sabem há séculos: a Terra é um organismo que pulsa, vive e respira no cosmos.

Nessa carta, Gaia tem nas mãos suaves a esfera da Terra, e irradia cordialidade e apoio. Ela oferece a sabedoria do tempo, lembrando-nos de que há uma época para todos os propósitos divinos e um ciclo significativo para cada transformação terrena. É a presença amorosa que podemos conectar quando vamos a montanhas, oceanos, cachoeiras, jardins, florestas, campos e desfiladeiros. Sua força é maior quando o Sol, em oposição à Terra, transita pelo signo de Câncer, e a Terra passa pelo signo de Capricórnio.

O cristal de quartzo no colar de Gaia sugere a abertura do chakra da garganta da humanidade, gerando maior capacidade de comunicação global entre as pessoas por meio de jornais, rádio, televisão, computadores, satélites, clarividência e telepatia mental. Gaia reúne a família humana através de uma combinação de pensamento inventivo e movimento de volta à terra, que surgiu até mesmo na política, sob a forma do Partido Verde.

Quando Gaia aparecer em uma leitura, seja grato pelas dádivas da vida. Valorize suas amizades mais profundas. Agradeça aos pais e parentes que o criaram, e aos mais velhos que o inspiram com grandes visões de esperança e triunfo do espírito humano. Dedique-se ao embelezamento e enriquecimento da Terra. Participe de atividades de reciclagem, cultivo de hortas e plantio de árvores. Doe fundos ou trabalhe como voluntário para uma causa ambiental. Visite um santuário especial da natureza e explore os ensinamentos sábios que emanam do coração e da alma da Terra.

Notas

1. Os autores estão cientes da forma aparentemente negativa como certos papéis femininos e masculinos são apresentados nos contos de fadas. Essa questão poderia ser o tema de livros inteiros, porém foge ao alcance deste projeto analisar a complexidade inerente a esse tópico. Esperamos que nossos leitores sondem o coração e a mente para fazer aflorar o simbolismo profundo inerente a essas imagens.

2. A esta altura, é importante entender que tanto o tarô como as cartas de jogar têm propriedades "mágicas" – ou seja, ambos são sistemas de conhecimento e orientação superiores, que permitem à pessoa que tem prática penetrar nos segredos da Sabedoria Atemporal. Como isso é possível? Como funciona?

    Escritores como Manly Palmer Hall (*The Secret Teachings of All Ages*), Stuart Kaplan (*The Encyclopedia of Tarot*), entre outros, ressaltaram que o baralho normal parece refletir os ciclos do ano. As 52 cartas representam as 52 semanas do ano. Os quatro naipes – dois vermelhos (Copas e Ouros) e dois pretos (Espadas e Paus) – simbolizam as quatro estações. As 13 cartas de cada naipe representam os 13 meses lunares do ano. Além disso, somando-se os valores numéricos de cada uma dessas 13 cartas, obtém-se o número 91 para cada naipe. Em seguida, multiplicando-se 91 por 4 (o número de naipes), obtém-se o resultado de 364. Acrescentando-se o Curinga, chega-se aos 365 dias do ano. Fica claro, assim, que as modernas cartas de jogar têm uma ligação profunda e misteriosa com os ciclos cósmicos. Na maioria dos casos, nas mãos de mágicos de feira ou adivinhos ciganos, as modernas cartas de jogar não "falam com a alma" de uma pessoa que está em busca divina. Mas devemos aceitar o fato de que as modernas cartas de jogar, quando corretamente usadas, podem ser uma fonte de discernimento espiritual.

3. Esse elo entre os números 1, 3, 7 e 22 é expresso de outra forma realmente esclarecedora. A expressão decimal do termo matemático *pi* – a relação universalmente constante entre o diâmetro e a circunferência de um círculo – é 3,14159... (o número continua até o infinito). No entanto, para os antigos, pi era expresso como fração: 3 1/7. Essa fração também pode ser simplesmente mudada para 22/7. De alguma forma, os números que representam pi são uma espécie de fórmula secreta que expressa o mundo do poder espiritual e da unidade (1), a criatividade e a divina trindade (3), a expressão no mundo (7) e a realização humana (22). As 22 cartas dos Arcanos Maiores são uma espécie de pi psíquico e imaginativo, revelando a magia circular e cíclica da vida humana, da morte e da reencarnação.

    Até quando investigamos o ar que respiramos neste planeta, observamos um extraordinário elo numerológico com o tarô. A atmosfera da Terra, por volume, é composta de 78% de nitrogênio, 21% de oxigênio e 1% de outros gases, como hélio, argônio etc. Novamente estamos diante de um mistério da natureza: a porcentagem de nitrogênio equivale ao número de cartas do tarô; a porcentagem do oxigênio (necessário para a sobrevivência humana) equivale às 21 cartas numeradas do Arcanos Maiores; e a porcentagem de outros gases, o "algo extra" incomum do ar, equivale a uma carta, O Louco (0).

    Quanto mais estudamos o sistema do tarô, mais percebemos que há uma presença universal do começo ao fim de nossa vida: no ar que respiramos, no DNA e nos genes, e nas origens do nosso alfabeto.

4. Philip M. Chancellor, *Dr. Philip M. Chancellor's Handbook of the Bach Flower Remedies* (New Canaan, CT: Keats Publishing, 1980), p. 13. [*Manual Ilustrado dos Remédios Florais do Dr. Bach*. São Paulo, Editora Pensamento, 1991.] (fora de catálogo)

Bibliografia

Bettelheim, Bruno. *The Uses of Enchantment: The Meaning and Importance of Fairy Tales.* Nova York: Vintage Books, 1977.

Burnham, Sophy. *A Book of Angels: Reflections on Angels Past and Present and True Stories of How They Touch Our Lives.* Nova York: Ballantine Books, 1990.

Butler, Bill. *Dictionary of the Tarot.* Nova York: Schocken Books, 1975.

Campbell, Joseph e Richard Roberts. *Tarot Revelations.* San Anselmo, CA: Vernal Equinox Press, 1987.

Case, Paul Foster. *The Tarot: A Key to the Wisdom of the Ages.* Richmond, VA: Macoy Publishing Company, 1947.

Chancellor, Philip M. *Dr. Philip M. Chancellor's Handbook of the Bach Flower Remedies.* New Canaan, CT: Keats Publishing, 1980.

Clow, Barbara Hand. *Chiron: Rainbow Bridge Between the Inner and Outer Planets.* St. Paul: Llewellyn Publications, 1987. [*Quíron - Ponto de Ligação entre os Planetas Interiores e Exteriores.* São Paulo, Editora Pensamento, 1992.] (fora de catálogo)

Hall, Manly P. *An Encyclopedic Outline of Masonic, Hermetic, Qabbalistic and Rosicrucian Symbolical Philosophy: Being an Interpretation of the Secret Teachings concealed within the Rituals, Allegories and Mysteries of All Ages.* Los Angeles: Philosophical Research Society, 1977.

Kaplan, Stuart R. *The Encyclopedia of Tarot*, Vol. 1. Nova York: U. S. Games Systems, Inc., 1978.

Lotterhand, Jason C. *The Thursday Night Tarot: Weekly Talks on the Wisdom of the Major Arcana*. North Hollywood, CA: Newcastle Publishing, 1989.

Meyer, Rudolf. *The Wisdom of Fairy Tales*. Hudson, NY: Anthroposophic Press, 1988.

Nichols, Sallie. *Jung and Tarot: An Archetypal Journey*. York Beach, ME: Samuel Weiser, 1980. [*Jung e o Tarô – Uma Jornada Arquetípica*, São Paulo, Editora Cultrix, 1988.]

Noble, Vicki. *Motherpeace: A Way to the Goddess Through Myth, Art, and Tarot*. San Francisco: Harper & Row, 1983.

Saint-Exupéry, Antoine de. *The Little Prince*. Tradução de Katherine Woods. Nova York: Harcourt, Brace & World, 1943.

Tolkien, J. R. R. *The Lord of the Rings*. Nova York: Ballantine Books, 1967.

Walker, Barbara G. *The Woman's Dictionary of Symbols and Sacred Objects*. San Francisco: Harper & Row, 1988.